Conversando sobre
a mulher e seus direitos

1445

D541c Dias, Maria Berenice
   Conversando sobre a mulher e seus direitos / Maria Berenice Dias. — Porto Alegre: Livraria do Advogado Editora, 2004.
   92 p.; 13 x 21 cm. — (Conversando sobre)
   ISBN 85-7348-314-8

   1. Direitos da mulher. I. Título
                               CDU – 396.2

   Índices para o catálogo sistematico:
   Direitos da mulher

   (Bibliotecária responsável: Marta Roberto, CRB-10/652)

Maria Berenice Dias

 Conversando sobre

a mulher e seus direitos

Porto Alegre, 2004

© Maria Berenice Dias, 2004

Capa, projeto gráfico e diagramação de
Livraria do Advogado Editora

Revisão de
Rosane Marques Borba

Foto de
Carlos F. Vieira

Direitos desta edição reservados por
Livraria do Advogado Editora Ltda.
Rua Riachuelo, 1338
90010-273 Porto Alegre RS
Fone/fax: 0800-51-7522
livraria@doadvogado.com.br
www.doadvogado.com.br

Impresso no Brasil / Printed in Brazil

Mais do que coragem para lutar pela igualdade, é necessário ter sensibilidade para reconhecer o direito à diferença.

Sumário

Apresentação: a mulher e seus direitos 9
A rainha do lar 14
Mulheres desprestigiadas 17
Todo mundo sabe... 20
A mulher e o Poder Judiciário 22
Aspectos jurídicos do gênero feminino 32
A honra masculina 40
Festejar o quê? 43
A mulher do século XXI 45
A mulher na política 48
Liberação masculina? 51
As mulheres na vida pública 53
Jurisprudência da igualdade 57
JusMulher: um exemplo de cidadania 63
Mulher cidadã 65
A ONU e a mulher 68
Ações afirmativas: a solução para a desigualdade 72
A mulher casada e a nova Constituição 75
A mulher no Mercosul 83
A feminização da magistratura 88
Uma magistrada em Pequim 91

Apresentação:
a mulher e seus direitos

"Teimosa".

Talvez esse seja o adjetivo que mais me identifica. Ao menos sempre foi – e ainda é – o mais freqüentemente utilizado por quem bem me conhece ao fazer referência à minha pessoa. Agregado a um termo que pertence às origens dos pampas, minha mãe sempre me chamou de "guria teimosa".

A teimosia, sempre considerada um qualificativo de conteúdo negativo e até pejorativo, ao menos com relação a mim ouço como algo positivo, até mesmo o recebo como um elogio.

Foi por pura teimosia que resolvi querer seguir os passos de meu pai. O fato de a magistratura ser um reduto masculino, um cenáculo em que mulheres não tinham assento, soava aos meus ouvidos como apenas mais um desafio.

Mas confesso que foi muito mais do que isso!

Foi necessária muita teimosia para conseguir realizar um sonho, um sonho que não sabia que não podia sonhar.

Conseguir ultrapassar um sem-número de obstáculos para me tornar a primeira mulher a integrar os quadros da magistratura gaúcha exigiu uma tenacidade que eu nem sabia que tinha. Mas, com certeza, foi a pura teimosia que não me deixou esmorecer. Basta lembrar que, na entrevista pela Comissão de Concurso, até sobre minha virgindade fui questionada. Mesmo depois de haver tomado posse, houve a tentativa de me designar para funções administrativas dentro do Tribunal de Justiça, com o único intento de não me deixar exercer a atividade judicante. Afinal, esta não era tarefa para uma mulher, à época, quase uma menina, pois contava 24 anos de idade. Aos juízes era imposto o uso de paletó e gravata, e de mim exigiram que usasse roupas de gola e mangas, bem como saia abaixo do joelho.

Ainda assim, minha trajetória não mereceu qualquer reconhecimento. Nada adiantou manter o serviço sempre em dia, não ter tido qualquer anotação funcional. Também ter passado a integrar grupos permanentes de estudos, cursado pós-graduação e mestrado, começado a lecionar em faculdades e em todas as Escolas Superiores, da Magistratura, do Ministério Público e da Advocacia, nada fez com que, ao longo de minha carreira, obtivesse uma única promoção pelo critério de merecimento.

Talvez a maior provação a que fui submetida em minha vida profissional tenha sido quando da promoção ao cargo de Desembargadora. Dos vinte e dois desembargadores participantes do Órgão Especial do Tribunal de Justiça, três votaram em branco e quatro manifestaram votos contrários. Esse índice de rejeição à promoção pelo critério de antigüidade nunca havia sido atingido antes. De todas as discriminações que sofri, de todos os percalços que pontuaram minha carreira, com certeza essa foi a mais amarga decepção. Foi a única vez em que questionei a escolha profissional que havia feito. Pela primeira vez tive vontade de abandonar tudo e me dar por vencida. Mais uma vez, no entanto, a teimosia venceu.

Quando da solenidade de posse, a mais concorrida que já houve naquela Corte, adentrei o recinto – no mesmo local em que havia sido velado meu pai – com lágrimas nos olhos, mas de cabeça erguida. Tal foi a emoção de quem lá estava, que, ao contrário do que sempre ocorreu nas solenidades anteriores, a platéia se levantou e começou a aplaudir. Meus pares não conseguiram resistir e acabaram levantando e também batendo palmas. Foi assim que ingressei no Tribunal de Justiça: recebida de pé e com aplausos. A partir de minha posse, foi incorporado um novo costume. Quando adentra um novo magistrado, todos o recebem de pé e com aplausos.

Essa, porém, não foi a única novidade que minha presença impôs. Até a construção apressada de um sanitário feminino se fez necessária, apesar dos questionamentos sobre sua necessidade – afinal, seria usado por uma só pessoa...

Todos esses revezes tiveram uma conseqüência: cada vez mais e mais me sentia na responsabilidade de fazer alguma coisa.

Fui buscar força no movimento de mulheres. Tornei-me presidente de uma entidade feminina, a Associação Brasileira das Mulheres de Carreira Jurídica. Nessa condição, fundei o Jornal Mulher, hoje novamente em circulação. Criei o Jus Mulher, serviço voluntário de assistência jurídica e psicológica às mulheres carentes, em funcionamento em várias cidades do Brasil. Fundei a FAF – Federação das Associações Femininas, integrei o Comitê Estadual de Combate à Violência e um sem-número de entidades voltadas às questões de gênero.

Enfim, tornei-me uma feminista ativista.

Desfraldei a bandeira da igualdade e não parei mais.

Palestras, simpósios, conferências, participações em eventos passaram a fazer parte do meu dia-a-dia.

Da palavra passei à escrita e comecei a participar de publicações voltadas ao tema da mulher, da discriminação, da violência, entre tantos outros problemas sociais que necessitam ser repensados.

As recompensas foram muitas, recebi muitos títulos e troféus.

Mas alguma coisa ainda estava faltando...

No meio de um turbilhão de atividades, acabei praticamente perdendo o controle de onde andavam sendo publicados meus escritos. Passou a haver tal volume de solicitações de artigos e trabalhos, que criei um *site*. Mas o mundo virtual ainda não é de domínio geral.

Por tudo isso é que agora trago a público uma coletânea dos temas que me têm preocupado, sobre os quais venho pensando e sentindo que urge estabelecer um amplo debate.

Assim, é imensa a minha alegria em publicar diversos volumes temáticos reunindo alguns dos artigos, estudos e conferências por mim escritos ao longo de minha trajetória.

Confesso que tive imensa dificuldade em encontrar uma denominação a este trabalho. Acabei utilizando como eixo "conversando sobre..."

Quer porque gosto de escrever de uma maneira coloquial, fora dos padrões convencionais da literatura jurídica, quer porque minha idéia é estabelecer um diálogo sobre os mais diversos temas alvos de meus estudos.

Ofereço este trabalho a todos que têm na inquietação a tônica na maneira de ver o Direito, a quem, como eu, não aceita o que está posto como definitivo.

Cabe esclarecer que, como se trata de artigos escritos ao longo de uma década, alguns dizem com fatos pretéritos ou legislação já não mais em vigor. Em face disso, fiz a devida indicação em cada texto, a permitir o acompanhamento do raciocínio desenvolvido.

Igualmente o leitor vai se deparar com alguns temas recorrentes, que, por gerarem desdobramentos distintos, acabaram sendo inseridos na publicação.

Não consigo deixar de visualizar em mais este sonho que se concretiza um forte colorido de teimosia. Parafraseando Fernando Pessoa, essa máscara acabou fazendo parte de minha epiderme.

A rainha do lar

Assim como os reis e as rainhas "de verdade", também as mulheres são submetidas, desde o nascimento, a um rigoroso treinamento para o desempenho da missão à qual foram predestinadas. As meninas são vestidas de "cor-de-rosa", para identificar toda a sua suavidade e doçura. De imediato, furam suas orelhas e lhes colocam brincos, sendo adornadas com laços, rendas e fitas. Afinal, as mulheres têm de ser belas e sedutoras e, além disso, ser meigas, castas e recatadas. Seus brinquedos são bonecas, panelinhas, casinhas, nada mais do que instrumentos que se destinam ao bom desempenho do seu reinado. O único e grande sonho de realização é encontrar o príncipe encantado, casar e ser feliz para sempre, como no final dos contos de fadas, dos filmes de Hollywood ou das novelas de televisão.

Depois de toda uma trajetória de culto ao corpo, que inclui malhação, dietas, academias, e após muita espera e persistência, eis que chega o grande dia. Vestida de noiva com véu e grinalda, é entregue pelo pai ao marido, até que a morte os separe...

Aí começa o seu reinado. Seu cetro é a vassoura, sua coroa, quem sabe, uma lata d'água e seu manto, montanhas de roupas para passar. Como lhe ensinaram, a ela cabe o papel de esposa e mãe, o que não raro se desdobra em cuidar de doentes e idosos. É a responsável pelas tarefas domésticas. Isso inclui limpar, cozinhar, lavar, costurar, fazer compras, além, é claro, de cuidar da educação, da socialização, da saúde e do bom desenvolvimento dos filhos, mas sem descuidar do marido. Porém, essas lides caseiras não são reconhecidas, não gozam de qualquer prestígio social. Por não ser trabalho remunerado, não é contabilizado, não possui valor econômico. Assim, as donas-de-casa são trabalhadoras que não recebem salário, não fazem jus a descanso semanal, limite de jornada, feriados, licenças e nem à aposentadoria ou à previdência social.

A obrigação pelo exercício dessas atividades está ligada à equivocada noção de que elas decorrem da natural divisão do trabalho. Por terem as mulheres o monopólio da função reprodutiva e a capacidade de amamentação, a elas se atribui, com exclusividade, toda a responsabilidade pela criação dos filhos e organização do lar. No entanto, a reserva de papéis diferenciados ao homem e à mulher é uma construção cultural, que acaba gerando uma hierarquização pela mais-valia que se atribui às atividades masculinas pela só razão de que os homens ocupam o espaço público, monopolizam o poder econômico e o político.

Todos olvidam que a mulher desempenha papel fundamental para a subsistência não só da família, mas do próprio Estado, pois é a responsável pela procriação e criação dos cidadãos de amanhã. Seus filhos são a força de trabalho que irá garantir a continuidade da sociedade. Ainda assim, o trabalho feminino não é valorizado.

Quando, apesar de todos esses obstáculos e limitações que as atividades domésticas impõem às donas-de-casa, elas conseguem se inserir no mercado de trabalho, passam a desempenhar dupla jornada. Como não conseguem se livrar de seus encargos familiares, têm menos disponibilidade de viajar, freqüentar cursos, estudar, isto é, menos condições de se qualificar, o que limita salários e dificulta a ascensão profissional.

Não bastasse tudo isso – ou talvez em face de tudo isso – a rainha do lar ocupa uma posição subordinada e de submissão, pois deve obediência ao marido, dono e senhor da casa.

De todo esse reino de sujeição, a rainha, sem dúvida alguma, é sempre a mulher. Até quando? Mister que tome consciência de suas potencialidades e busque sua realização pessoal para além do circuito doméstico. É preciso que desça do trono e se torne uma ativista na luta pela sua dignidade humana.

(Artigo publicado no Jornal Zero Hora, versão digital, Porto Alegre – RS. Disponível em: http://www.clicrbs.com.br/jornais/zerohora/ Acesso em: 8 mar. 2004; Jornal O liberal, Belém – PA, 11 mar. 2004)

Este artigo, em uma versão mais condensada e sob o título de "Descer do trono", foi publicado no *site* Espaço Vital Virtual. Disponível em: http://www.espacovital.com.br/artigoberenice01.htm. Acesso em: 02 mar. 2004; no *site* Estudando.com. Disponível em: http://www.estudando.com/. Acesso em: 2 mar. 2004; Jornal Folha da Cidade, Araraquara – SP, 2 mar. 2004, p. 10; Jornal O Imparcial, Araraquara – SP, 3 mar. 2004, p. 2; no *site* Jus Vigilantibus. Disponível em: http://www.jusvi.com/site/p_detalhe_artigo.asp?codigo=1619&c od_ categoria =&nome_categoria=. Acesso em: 5 mar. 2004; no *site* Ipas - Brasil. Disponível em: http://www.ipas.org.br/revista/marc 04.html#cinco. Acesso em: 5 mar. 2004; no Jornal Diário de Jacareí, Jacareí – SP, 5 mar. de 2004, p. 2; no Jornal Zero Hora, Porto Alegre-RS, 6 mar. de 2004, p. 6; no Informativo da Empresa de Trens Urbanos de Porto Alegre – TRENSURB, n° 331, 8 a 15 mar. 2004, p. 2; no Especial Mulher, 8 mar. 2004, p. 4; no Jornal O Correio, Cachoeira do Sul – RS, 13 e 14 mar. de 2004, p. 3; no Informativo ADCOAS, n° 68, março de 2004, p. 4, e no Jornal Folha 3, Porto Alegre – RS, Março de 2004, p. 3.

Mulheres desprestigiadas

Desastroso o fim da novela[1] que, ao invés de apaixonadas, mostrou mulheres em várias situações de discriminação e desrespeito, em posição de submissão e inferioridade, impotentes e coniventes com os clichês de violência e impunidade.

Senão, vejamos.

Mulheres solteiras não conseguem encontrar em si mesmas um ponto de equilíbrio. Uma delas, ainda que uma educadora bem-sucedida profissionalmente, joga-se ao vício do alcoolismo, só controlado quando encontra um par. Já outra, acintosamente, não parou de se insinuar a um vizinho, contando com a conivência de sua mãe, e não se intimidando sequer com a presença da esposa. Esta, corroída por um ciúme doentio, se desequilibra, manifestando instintos suicidas e homicidas. Acaba por ser internada em uma clínica psiquiátrica e perde o marido para a vizinha.

Nem a figura da avó escapou, pois se revelou perversa e agressiva com a pobre neta órfã, que tem visões paranormais da mãe exemplar que lhe concedia excelente padrão de vida dedicando-se à prostituição e que acabou sendo vítima de uma bala perdida.

Mas a situação degradante das mulheres foi além. Um médico pretensioso, vaidoso e intolerante foi dispu-

---
[1] A referência é à novela Mulheres Apaixonadas, transmitida pela Rede Globo no ano de 2003.

tado durante toda a novela por três mulheres, sendo uma enteada da outra, as quais a ele se ofereciam de forma lasciva. Venceu a que foi cúmplice da infidelidade do doutor durante o casamento.

Afora tudo isso, nos pares em que as mulheres eram mais velhas do que os homens, estes pertenciam a classes sociais inferiores e possuíam precário nível de instrução, procurando mostrar a incapacidade de uma mulher madura de ser alvo do amor de um homem de seu *status* social e cultural.

Ainda bem que desta vez as lésbicas não foram incendiadas. Entretanto, não trocaram nenhuma carícia. O único beijo aconteceu quando uma delas representava o papel de um homem que estava morto, ou seja, um carinho heterossexual e não correspondido.

No plano das instituições, lastimável o total desprestígio da Justiça. A solução para o problema da violência doméstica – só denunciada quando foram agredidas outras pessoas – foi a morte do agressor. Mas a vítima também foi punida, pois seu namorado adolescente morreu, deixando-lhe como consolo um filho em suas entranhas.

No último capítulo, a cena mais deplorável foi a surra que o pai infligiu à filha, submetendo-a a vexatória exposição em seu local de trabalho. Como depois ela aparece beijando os avós, aos quais sempre agrediu, acabou chancelada a violência intrafamiliar como o melhor método educacional.

Quem entra em todos os lares precisa ser mais responsável. Imperioso que a mídia tenha consciência de seu compromisso social, não podendo deixar de assumir como verdadeira missão ser um veículo de resgate da cidadania.

(Artigo publicado no *site* Estudando.com, 13 out. 2003. Disponível em:http://www.estudando.com/. Acesso em: 13 out. 2003; no *site* Pagu, 13 out. 2003. Disponível em: http://www.pagu.org.br/. Acesso em: 13 out. 2003; no *site* G Magazine On Line, 13 out. 2003.

Disponível em: http://gmagazine.uol.com.br/ gnews/gnews.asp ?idNews=1121. Acesso em: 14 out. 2003; no *site* do Espaço Vital Virtual, 14 out. 2003. Disponível em:http://www.espacovital.com.br/artigo mariaberenice10.htm. Acesso em: 14 out. 2003; no *site* do Grupo Desobedeça GLBT, 15 out. 2003. Disponível em: http://www.desobedeca.com.br/noticias _berenice .htm. Acesso em: 15 out. 2003; no *site* Fervo, 15 out. 2003. Disponível em: http://www.fervo.com.br/. Acesso em: 15 out. 2003; no Jornal Tribuna, Maceió – AL, 16/10/2003; no Jornal Diário de Jacareí, Jacareí – SP, 16/10/2003, p. 2; no Jornal Correio do Povo, Porto Alegre, 17/10/2003, p. 4; no *site* Regina Caldeira Advocacia e Consultoria, 16 out. 2003. Disponível em: http://www.caldeira.adv.br/noticia.php?noticia=90. Acesso em: 21 out. 2003; Jornal Empresas e Negócios, São Paulo – SP, n° 69, 17/10/2003, p. 6; Jornal A Hora, Sananduva – RS, 17/10/2003, p. 4; Jornal O Boto, Imbé – RS, 18/10/2003, p. 08; no site Athos GLS, 16 out. 2003. Disponível em: http:// http://www.athosgls.com.br/noticias_visualiza.php?arcd_artigo=1175. Acesso em: 23 out. 2003; Jornal O Correio, Cachoeira do Sul – RS, 25 e 26/10/2003, p. 3;. no *site* Mundo Legal. Disponível em: http://www.mundolegal.com.br/?FuseAction=Artigo_Detalhar&did= 13730. Acesso em: 12 nov. 2003; Jornal Folha 3, Porto Alegre – RS, n° 89, novembro de 2003, p. 2; no *site* Instituto de Estudos Jurídicos da ULBRA – Santa Maria, 11 nov. 2003. Disponível em: http://www.iejulbra-sm.com/7artigo.html . Acesso em: 11 nov. 2003; Revista Justilex, n° 23, novembro de 2003, p. 78; Revista Justiça e Cidadania, n° 40, novembro de 2003, p. 46-47 e Jornal Braças Literárias, Dom Pedrito – RS, n° 9, dezembro de 2003, p. 11).

Todo mundo sabe ...

Todo mundo sabe que a mulher sempre foi discriminada, nunca teve as mesmas oportunidades asseguradas aos homens. Nossa cultura patriarcal gerou uma sociedade machista, em que a mulher ocupava um papel subalterno. Excluída, ficava confinada ao reduto da casa, tendo por única missão a assistência da família, a organização do lar, o apoio ao marido e o cuidado dos filhos.

Igualmente todo mundo sabe que o movimento feminista, o surgimento dos métodos contraceptivos e o ingresso da mulher no mercado de trabalho desencadearam uma verdadeira luta emancipatória. A mulher conseguiu ter acesso à educação, mas, no exercício da atividade profissional, mesmo desempenhando funções idênticas, percebe salários menores do que os de seus colegas. O poder permanece em mãos masculinas, e nos postos de chefia ainda é escassa a presença feminina.

Tão acentuada é a diferença, que a Constituição Federal diz, insiste e repete que homens e mulheres são iguais. Mas parece que, a partir desse momento, houve uma transformação mágica. Bastou o legislador proclamar a igualdade, para que a norma editada se tornasse realidade: homens e mulheres são iguais.

As escassas prerrogativas asseguradas às mulheres na tentativa de alcançar um certo equilíbrio passaram a ser chamadas de privilégios. Em nome da igualdade, buscou-se simplesmente eliminar as diferenças tomando o modelo masculino como paradigma.

No entanto, todo mundo sabe que a igualdade ainda está longe de ser atingida. Mesmo tendo as mulheres conseguido alguns avanços, mesmo que tenham conquistado um pouco mais de espaço, as tarefas domésticas e o compromisso com relação aos filhos permanecem – com raríssimas exceções – sendo encargo exclusivamente feminino. Os homens, no máximo, prestam algum auxílio, mas a responsabilidade pelo funcionamento do lar continua sendo da esposa, da mãe.

A esse acúmulo de funções se convencionou chamar de dupla jornada de trabalho. Além de permanecer com todos os encargos domésticos, a mulher passou a auxiliar no sustento da casa. Ou, até mesmo, a mantê-la. Essa é uma outra realidade que não pode ser ignorada: 23% das famílias brasileiras são chefiadas por mulheres, que assumem sozinhas o encargo de provedoras da família.

Assim, demagógico, para não dizer cruel, é o questionamento que vem sendo feito sobre o direito assegurado constitucionalmente às mulheres de se aposentarem com menos idade e em menor tempo de serviço do que os homens.

A quem tenha qualquer dúvida de que esse é um direito, e não um privilégio, cabe indagar se já assumiu sozinho as tarefas femininas. Então, que o faça! Se o fizer por um dia apenas, saberá a resposta que todo mundo sabe.

(Artigo publicado no Jornal Minuano, de Bagé-RS, em 25/04/2003, e no Informativo ADCOAS, nº 59, maio/2003, p. 09).

A mulher e o Poder Judiciário

Texto elaborado para subsidiar o Relatório do Brasil apresentado na IV Conferência Mundial sobre a Mulher, realizada em Pequim-CHINA, no ano de 1995

Sumário: 1. O contexto social; 2. Paradigma legal; 3. Reflexos jurídicos; 4. As mulheres na Justiça.

1. O contexto social

Há pouco tempo, muito pouco, não se podia falar em cidadania feminina. Só em 1932 passou a existir o voto feminino. Até 1962, as mulheres, ao casarem, tornavam-se relativamente capazes, sendo assistidas pelo marido para os atos da vida civil e necessitando de sua autorização para trabalhar.

O Código Civil[2] retratava o perfil da sociedade da época. Ao homem cabia o espaço público e à mulher, o espaço privado, nos limites da família e do lar, a ensejar a formação de dois mundos: um de dominação, externo, produtor, o outro de submissão, interno e reprodutor. A essa distinção estão associados os papéis ideais de homens e mulheres: ele provendo a família e ela cuidando do lar, cada um desempenhando a sua função.

Esse era o modelo de família, considerada a célula *mater* da sociedade. Uma verdadeira instituição, abençoada pelos sagrados laços do matrimônio, em face da

---
[2] A referência é ao Código Civil de 1916.

forte influência religiosa, que vê o casamento como um sacramento. Em decorrência da estrutura rural então vigente, a família tinha uma formação extensiva, com numerosa prole, formando uma verdadeira unidade de produção. Filhos, parentes e agregados constituíam mão-de-obra barata para o desempenho das atividades agropastoris. O chefe da sociedade conjugal era a figura central, tomava as decisões e administrava o patrimônio. Como não havia o reconhecimento de relações fora do casamento, a família matrimonializada identificava-se como entidade patrimonializada. Sua mais aparente característica era a hierarquização, com um viés patriarcal, que outorgava ao homem um papel paternalista de mando e poder, exigindo uma postura de submissão da mulher e dos filhos.

Esse modelo familiar veio a sofrer mutações a partir da Revolução Industrial, quando as mulheres foram chamadas ao mercado de trabalho. Também as guerras, que levaram os homens ao fronte ou à morte, abriram espaço para a atividade laborativa feminina, principalmente para as tarefas terciárias e repetitivas. Tal inserção alijou o homem de algumas profissões, que passaram a ser identificadas como femininas, perdendo ditas atividades o prestígio social, com o conseqüente achatamento remuneratório.

As lutas emancipatórias levaram as mulheres a descobrir o direito à liberdade, passando a almejar a igualdade e a questionar a discriminação de que sempre foram alvo. As ativistas, que passaram a ser chamadas de feministas, foram identificadas como lésbicas ou como mulheres feias e mal-amadas, que odiavam os homens e queriam seu lugar. O medo da identificação com esse estereótipo gerou tal carga de aversão a essa expressão, que foi repudiada pelas próprias mulheres. Com isso, o movimento acabou por ser marginalizado.

De outro lado, a emergente evolução dos costumes, somada ao surgimento de métodos contraceptivos, levou à descoberta do prazer feminino, deixando a mulher de ser refém do medo da gravidez. Ditas mudanças forjaram o que Norberto Bobbio – o maior filósofo contemporâneo – identificou como a maior revolução do século: a revolução feminina.

Essas alterações de paradigma acabaram se refletindo na própria composição da família, que se tornou nuclear. Passou a mulher a participar, com o fruto de seu trabalho, da mantença da família, o que lhe conferiu certa independência. Começou ela a cobrar uma maior participação do homem no ambiente doméstico, impondo-lhe a necessidade de assumir responsabilidades dentro de casa e partilhar do cuidado com os filhos.

No entanto, ainda é forte a resistência aos novos papéis. Tolera-se com mais facilidade a profissionalização feminina, até por fatores econômicos, assim como, de forma ainda tímida, sua participação nas esferas do poder. Maior é o preconceito no que diz com as modificações comportamentais que ponham em risco a moralidade da família.

A mulher, saindo do gueto familiar e da "proteção do lar", adentrou no mercado de trabalho. Afastando-se do perfil masculino, no qual não ocupava nenhum espaço, e acabou por redefinir, no contexto atual, o modelo ideal de família.

2. Paradigma legal

A Constituição Federal buscou resgatar a igualdade, cânone da democracia desde a Revolução Francesa e linha mestra da Declaração dos Direitos Humanos. O igualitarismo formal vem decantado enfaticamente na Carta Política em duas oportunidades (arts. 5º, inc. I, e 226, § 5º), o que não basta, por si só, para se alcançar a absoluta equivalência social e jurídica de homens e mulheres. O legislador foi até repetitivo ao consagrar a plena isonomia de direitos e obrigações entre o homem e a mulher, varrendo do sistema jurídico todo e qualquer dispositivo legal que, com aparente feição protecionista, acabava por colocar a mulher num plano de subordinação e inferioridade. Agora, não mais é o marido o cabeça-do-casal, o representante legal da família, nem o único responsável para prover o seu sustento. Mesmo que não mais se justifique a permanência desses dispositivos nos textos legislativos, ainda não houve a devida atualização do Código Civil.

O simples estabelecimento do princípio da igualdade, no entanto, não logrou eliminar as diferenciações existentes. A necessidade de obediência ao preceito constitucional não pode ver como infringência ao princípio isonômico a adoção de posturas que gerem normas jurídicas e decisões judiciais protetivas, que, atentando na realidade, visam a propiciar o equilíbrio para assegurar o direito à igualdade.

A igualdade formal – igualdade de todos perante a lei – não conflita com o princípio da igualdade material, que é o direito à equiparação por meio da redução das diferenças sociais. Nítida a intenção do novo sistema jurídico de consagrar a máxima aristotélica de que o princípio da igualdade consiste em tratar igualmente os iguais e desigualmente os desiguais na medida em que se desigualam.

3. Reflexos jurídicos

O Poder Judiciário ainda é uma instituição das mais conservadoras e sempre manteve uma posição discriminatória nas questões de gênero. Com uma visão estereotipada da mulher, exige-lhe uma atitude de recato e impõe uma situação de dependência. Ainda se vislumbra nos julgados uma tendência perigosamente protecionista que dispõe de uma dupla moral. Em alguns temas, vê-se com bastante clareza que, ao ser feita uma avaliação comportamental dentro de requisitos de adequação a determinados papéis sociais, é desconsiderada a liberdade da mulher.

É nos processos envolvendo relações familiares que mais se detecta que a profunda evolução social e legislativa ocorrida nos últimos tempos não bastou para alterar o discurso dos juízes.

A guarda dos filhos é outorgada ao cônjuge inocente, fazendo parecer que a noção de inocência foi guindada pelo legislador quase como um prêmio ou recompensa. Inúmeros julgados, porém, estabelecem uma certa confusão entre a vida da mulher e sua capacidade de ser boa mãe. Desconsideram-se os aspectos econômicos, afetivos e culturais para o pleno desenvolvimento dos filhos. Não se pode esquecer o interesse do menor de gozar das melhores condições possíveis, o que não possui qualquer correlação com o exercício da sexualidade da genitora.

No que diz respeito ao nome, que possui uma conotação simbólica, ligada ao direito de personalidade, também há um colorido dominador. O Código Civil determinava a obrigatória assunção pela mulher dos apelidos do marido, quando do casamento, nome que perdia ao ser condenada na ação de desquite. Pela Lei do Divórcio, o acréscimo do nome de família do cônjuge tornou-se facultativo, sendo da mulher a opção de continuar a usar o nome de casada quando da separação judicial. Contudo, quando do divórcio, mesmo havendo consenso de ambos, não vem sendo admitido que continue ela a usar o patronímico do varão, como impondo-lhe uma apenação. Olvida-se que a escolha do nome é um direito de personalidade da mulher, não podendo haver a interferência nem do juiz nem do ex-cônjuge ao seu direito de optar.

Quanto à pensão alimentícia, o Código Civil, com nítido perfil patriarcal, impunha ao homem a manutenção da família, só merecendo alimentos a mulher inocente e pobre, cessando o dever de sustento no caso de abandono do lar sem justo motivo. Desde a Lei do Divórcio, há reciprocidade obrigacional, mas continua a jurisprudência centrando sua preocupação, não na necessidade, mas na conduta da mulher, e guinda a honestidade como condição para a concessão do pensionamento. O deferimento dos alimentos depende direta e exclusivamente da mantença de uma vida celibatária, como se a castidade integrasse o suporte fático do direito, sem se atentar em que a vida sexual e afetiva é área de indevassável intimidade.

Também no campo do Direito Penal, nítido o tratamento desigualitário a depender do sexo do réu. Principalmente nas situações de violência familiar, existe a falsa idéia de que as relações privadas estão fora do âmbito de intervenção do Judiciário. Deixa-se de atentar na enorme dificuldade da vítima em veicular a queixa. Por medo, por não ter aonde ir, por vergonha de não ser acreditada, a mulher silencia. Esses mesmos motivos levam, muitas vezes, à tentativa de "retirar o processo" ou encobrir a verdade, alegando ocorrência de autolesões. Essa postura enseja que tanto a polícia como o Ministério Público e o próprio juiz desestimulem a instauração da ação penal. Também acaba sendo absolvido o agressor, não por ausência de culpabilidade, mas como meio de preservar a entidade familiar.

Ao depois, não é apreciado somente o agir do agressor no momento do crime; investiga-se mais a vida dos protagonistas como elemento decisivo para o resultado do processo. Se o varão corresponde ao papel ideal de bom pai de família e a mulher não é uma fiel dona-de-casa, seguramente o seu agressor será absolvido. Só são condenados maridos ou companheiros que têm evidência de alcoolismo, vício em drogas, um passado de abuso doméstico ou que estejam desempregados. O perfil dos réus absolvidos é o oposto: primários, trabalhadores, carinhosos e bons maridos.

A Justiça tem uma certa condescendência para com os réus, sempre entrando em linha de questionamento a atitude da vítima, como sendo o móvel dos fatos. Perquirir-se a moral da mulher – conceito sempre ligado ao exercício de sua sexualidade – pode levar, surpreendentemente, ao reconhecimento de que foi ela que provocou o crime, sendo culpada pela própria sorte.

Ressalta Sílvia Pimentel, na obra que visualiza o Direito sob a ótica das relações de gênero, que a mulher é julgada tomando por parâmetro o comportamento-padrão. Na argumentação judicial, é geralmente definida mediante adjetivos como: *inocência da mulher, honestidade, conduta desgarrada, vida dissoluta*, expressões todas elas ligadas exclusivamente ao seu comportamento sexual. No entanto, essa adjetivação não é usada como referencial na análise do comportamento masculino. [3]

Frente a tais situações, pinçadas como mera amostragem, não se pode negar que as mulheres são vítimas dos tribunais brasileiros. Os processos sofrem influência de normas sociais permeadas de preconceitos de gênero.

Há a necessidade de uma profunda reflexão, para que se aparem diferenças que não têm mais sentido na sociedade atual. Os operadores do Direito precisam atentar em que não pode persistir essa injustificável diferenciação de gênero, fazendo-se imperioso eliminar qualquer resquício de discriminação contra a mulher. É mister uma revisão crítica e uma nova avaliação valorativa do fenômeno social, para que se alcance a perfeita igualdade.

4. As mulheres na Justiça

Ainda nenhuma mulher teve assento no Supremo Tribunal Federal,[4] e recente é a presença da primeira no

---

[3] Pimentel, Di Giorgi e Piovesan, A Figura/Personagem Mulher em Processos de Família. Porto Alegre: Fabris, 1993, p. 141.
[4] A assertiva corresponde à data de elaboração do texto, o ano de 1996.

Superior Tribunal de Justiça. Mesmo que já despontem mulheres nos tribunais estaduais, não se pode endossar a assertiva do Ministro Sepúlveda Pertence, enquanto Presidente do Supremo Tribunal Federal, de que está superado definitivamente o preconceito dos tribunais contra a mulher juíza.[5]

Apesar de persistir forte a discriminação contra a mulher na órbita do Judiciário, é crescente sua participação no primeiro grau de jurisdição, em que o ingresso depende de concurso público, quando é mensurada sua capacidade e competência. Mais rarefeita é a presença feminina nos tribunais, cujo acesso está condicionado a promoção por critério de merecimento ou por decisão política.

Ainda assim, não só na magistratura, mas em todas as carreiras jurídicas, a mudança se faz marcante, podendo-se afirmar que está ocorrendo uma verdadeira feminização da própria Justiça.

Mas, sendo recente a presença das mulheres no poder, normalmente elas não gozam da mesma credibilidade de seus pares. São alvo de referências que dizem mais com seus atributos pessoais do que com seu desempenho profissional. Como toda novidade, despertam mais a atenção, correspondendo sua imagem a verdadeiros totens. Por isso, acabam recebendo rótulos: como mais severas ou mais condescendentes que os juízes, ou ainda são apontadas como adequadas ou não para jurisdicionar determinadas varas. Essa estratificação dicotômica decorre de percepções freqüentemente inconscientes e que registram um conteúdo discriminatório, pois atitudes por vezes não-relevantes ficam mais visíveis e são potencializadas de forma generalizante.

Uma maior compreensão da feminilidade é que permitirá identificar grande parte dos conflitos domésti-

---

[5] Entrevista publicada no Jornal Folha de São Paulo em 16/11/1996, Cotidiano, p. 3.

cos e atender às reivindicações femininas. Essa tarefa necessita ser assumida pela ala das mulheres, tanto juristas, como magistradas, promotoras e advogadas. *Se à mulher é possível ser o primeiro agente de sua condição, também se seduz às vezes pelo poder opressor, identificando-se com as figuras às quais percebeu até então como dominadoras.*[6]

De outro lado, indispensável perquirir se a inserção das mulheres nas carreiras jurídicas afeta o contexto das decisões judiciais, se passaram elas a exercer o papel de agentes modificadoras do conservador modelo vigorante.

Denise Bruno, ao discorrer sobre Mulheres e Direito, concluiu: *por se sentirem incapazes de confrontar o padrão patriarcal, por não terem consciência do mesmo, ou por não estarem dispostas a arcarem com as conseqüências de romper com as expectativas patriarcais sobre as mulheres, as juízas, apesar de terem consciência da necessidade de mudanças, não rompem com os códigos e padrões legais vigentes.*[7]

Ainda predomina o protótipo masculino, como sinônimo de êxito, como o único aceitável. Para Rose Mari Muraro, são as "mulheres de bigode" que confundem facilmente eficiência com virilidade e atividade criativa com masculino.

Não basta o aumento do número de magistradas para que determinados padrões de comportamento sejam alterados, para o estabelecimento da igualdade, o fim da discriminação e a eliminação da violência contra a mulher. Necessário, em um primeiro momento, desmitificar a idéia sacralizada da família. Considerada como a responsável pela organização social, em que se desenvolve o senso de justiça e cidadania, estrutura-se, no entanto, a família de forma hierarquizada, tão-só pela diferença dos sexos, restando à mulher sempre um papel de subordinação. Descabe persistir essa visão idealiza-

---

[6] SOUZA, Ivone Coelho de. *Conflitos da Mulher* - a Responsabilidade. Jornal Mulher, nº 4, de agosto de 1995, p. 16.
[7] I Encontro de Magistradas do Paraná, que ocorreu em Foz do Iguaçu em novembro de 1996.

da, cuja preservação é de ser mantida ainda que o custo seja a integridade física da mulher e, muitas vezes, dos filhos.

Necessário olhar a mulher em relação ao Direito, a partir do conceito de gênero; não como sexo biológico, mas em face das diversidades biológicas que se expressam em determinadas relações sociais. As diferenças entre homens e mulheres; decorrentes de toda uma conjuntura social e cultural, acabaram por colocá-los em dois mundos, a ponto de serem tidos como sexos opostos, e não compostos, complementares. Essa divergência posicional, que levou à diferenciação de papéis assumidos, estruturou diferentemente cada um de seus protagonistas. No momento em que a mulher adentrou na esfera pública, não deixou de trazer sua bagagem, acumulada em suas funções privadas, havendo indiscutivelmente que se reconhecer como enriquecedora a convivência harmônica e igualitária entre ambos.

Carl Gilligan,[8] que busca fundamentos em teorias psicológicas e psicanalíticas, constatou que as mulheres têm preceitos morais diversos dos preceitos masculinos. Enquanto os homens decidem a partir da noção do Direito como uma norma abstrata, as mulheres, por serem responsáveis pela preservação do sofrimento, são guiadas por uma noção de ética da responsabilidade, dispensando mais atenção aos efeitos concretos das decisões. Tal constitui a "voz diferente" das mulheres, que acaba por alterar o contexto das decisões judiciais.

Assim, não mais se pode dizer que Judiciário é um substantivo masculino, devendo-se ter sempre presente que Themis, a Deusa da Justiça, é uma mulher.

(Artigo publicado nos Cadernos Themis – Gênero e Direito – ano II – nº 2 - Porto Alegre – RS, setembro de 2002, p. 76:83).

---

[8] A citação que constou foi feita na conferência citada.

Aspectos jurídicos do gênero feminino

Sumário: 1. Causas das diferenças; 2. Panorama legal; 3. O sistema jurídico atual; 4. Conclusões.

1. Causas das diferenças

Não se consegue identificar o momento a partir do qual restou a mulher relegada a uma posição de inferioridade. Da época ancestral, existe a figura do primata arrastando a fêmea pelos cabelos, após vencer eventual resistência mediante uma pancada na cabeça. Na Grécia antiga, as mulheres não podiam assistir às Olimpíadas, espetáculo reservado aos homens, que detinham a capacidade de apreciar o belo, ou seja, o corpo dos atletas, que competiam nus. Para os romanos, as mulheres não se encontravam sob a égide do *jus gentium*, pois eram consideradas "coisa", como os animais, e sequer eram quantificadas nos censos. A Bíblia diz que a mulher foi extraída da costela de Adão, havendo dito o Senhor: *Não é bom que o homem esteja só: façamos-lhe uma ajudante semelhante a ele* (Gênesis 2,18).

Mesmo não se podendo identificar o tempo, e muito menos as causas, o fato é que a sociedade ocidental concedeu ao homem o espaço público e reservou à mulher o ambiente privado, nos limites da família e do lar. Essa duplicidade ensejou a formação de dois mundos: um de dominação, externo, produtor; outro de submissão, interno, reprodutor. Tal distinção estereotipada está associada aos papéis ideais do homem e da mulher: ele provendo a família, e ela cuidando do lar, cada um desempenhando a sua função. Instituídos diferentes padrões de comportamento, ao macho é outorgado um papel paternalista a exigir uma postura de obediência da fêmea. Assim, ao autoritarismo de um corresponde a submissão do outro.

Esse era o modelo de família do início do século passado, identificado pelo casamento. Era considerada a célula *mater* da sociedade, uma verdadeira instituição, em face da forte influência religiosa que vê o matrimônio como um sacramento. Ante a estrutura rural da época, a família possuía uma formação extensiva, com numerosa prole, constituindo uma verdadeira unidade de produção, com os filhos, parentes e agregados servindo de mão-de-obra. O patriarca era a figura central, quem tomava as decisões e administrava o patrimônio. A família de então tinha as seguintes características: era matrimonializada, patrimonializada, patriarcal, hierarquizada e heterossexual.

2. Panorama legal

Esse perfil da família serviu de base para a edição do Código Civil de 1916. A previsão do regime da comunhão universal de bens e a indispensabilidade da adoção dos apelidos do marido pela mulher mostram o significado que possuía o casamento. Duas pessoas fundiam-se numa só, gerando um vínculo indissolúvel. Formavam uma unidade patrimonial, tendo no homem o único elemento identificador do núcleo familiar.

Com o casamento, a capacidade civil da mulher se relativizava, passando a se equiparar aos pródigos e silvícolas. Também necessitava ela da autorização do marido para o exercício de qualquer atividade. O homem era o chefe da sociedade conjugal, o cabeça-do-casal, quem administrava os bens da esposa e dos filhos.

Mais: o eventual desvirginamento da mulher, desconhecido pelo marido, era causa para a anulação do casamento.

De tal ordem era a sacralização da família, que, mesmo sendo possível o desquite, permanecia a indissolubilidade do vínculo matrimonial e a impossibilidade de novas uniões. A tentativa de manutenção do casamento fez a lei tornar indispensável a identificação do culpado pela separação. Sendo a mulher a responsável, perdia o direito de perceber alimentos e era condenada à perda do nome do marido.

Nesse contexto, nenhum relacionamento fora do casamento era reconhecido. A legislação, além de se omitir em regular relações extramatrimoniais, afastou qualquer possibilidade de se extraírem conseqüências jurídicas de vínculos afetivos outros, ligações tidas por espúrias. Proibiu doações, seguros, bem como a possibilidade de herdar. Os filhos havidos fora do casamento recebiam a pecha de bastardos e não podiam buscar o reconhecimento da paternidade enquanto o pai estivesse vivo ou casado.

A posição de inferioridade da mulher decorria das próprias características da família. Era necessária a mantença da autoridade do varão com a finalidade de preservação da unidade familiar. Só em 1932 é que adquiriu a mulher o direito à cidadania, quando foi admitida a votar. Em 1962, por meio do chamado Estatuto da Mulher Casada, teve ela implementada sua plena capacidade.

Esse perfil da estrutura familiar veio a sofrer mutações a partir da Revolução Industrial, quando as mulheres foram chamadas ao mercado de trabalho. Também as guerras, que levavam os homens ao fronte ou à morte, abriram espaço para a atividade laborativa feminina, principalmente para a prática de atividades terciárias e repetitivas, percebendo remuneração inferior.

Depois, em face das lutas emancipatórias, desfraldadas pelo movimento feminista, descobriu a mulher o direito à liberdade e passou a almejar a igualdade, questionando a discriminação de que sempre foi alvo. Com a emergente evolução dos costumes, somada ao surgimento de métodos contraceptivos, deixou a mulher de se tornar refém do medo da gravidez, o que a levou à descoberta do prazer feminino, forjando o que Norberto Bobbio – o maior filósofo contemporâneo – chamou de a maior revolução do século: a revolução feminina.

A mulher saiu do gueto familiar e adentrou no mercado de trabalho, no qual não ocupava qualquer espaço, adotando o paradigma masculino. Passou ela a participar, com o fruto de seu trabalho, da mantença do lar, o que lhe conferiu certa independência. Começou a cobrar uma maior participação do homem no ambiente doméstico, partilhando o cuidado com os filhos.

Essas mudanças acabaram se refletindo na própria composição da família, que se tornou nuclear, formada somente pelo casal e seus filhos.

Com o advento da Lei do Divórcio, em 1977, é que emergiram novos valores sociais referentes à dignidade da mulher e sua autonomia, liberdade e privacidade na área da sexualidade. Além da possibilidade de novo casamento, restou alterado o regime legal de bens para o de comunhão parcial, no qual só se comunica o patrimônio adquirido após o matrimônio. Passou a ser facultativa a alteração do nome em decorrência do casamento.

Também desapareceu o repúdio às relações extramatrimoniais, apesar da falta de respaldo legal à sua constituição. Esses novos modelos familiares, formados com pessoas que saíram de outras relações, fizeram surgir diversas estruturas de convívio, sem que seus componentes disponham de lugares definidos e uma terminologia adequada. Inexistem, na Língua Portuguesa, vocábulos que identifiquem os integrantes das novas famílias.

Quando do desfazimento desses vínculos, seus membros acabaram batendo às portas dos tribunais.

Ante a falta de previsão legal, viram-se os juízes forçados a criar alternativas para evitar flagrantes injustiças. Foi cunhada, via jurisprudencial, a expressão "companheira", como forma de contornar as proibições para o reconhecimento de direitos.

A fim de evitar enriquecimento injustificado, aplicou-se, por analogia, o Direito Comercial. Em face da aparência de uma sociedade de fato entre os convivas, passou-se a determinar a partição do patrimônio amealhado durante o período de vida em comum. Quando ausentes bens a serem partilhados, chegou-se a ver configurada verdadeira relação laboral, para dar ensejo ao pagamento de indenização por serviços prestados. Surgiram esses mecanismos, sem jamais se reconhecer que se estaria na presença de uma sociedade de afeto, e não uma sociedade de fato.

3. O sistema jurídico atual

A Constituição Federal de 1988, que surgiu com ares de modernidade, operou profundas alterações no campo das relações familiares. Ao estabelecer a plena igualdade entre o homem e a mulher, acabou por revogar toda a legislação que dava primazia ao homem. Alargou o conceito de família, passando a integrá-lo as relações monoparentais, formadas por um dos pais com seus filhos. Também afastou qualquer distinção na filiação, dando fim à odiosa classificação que discriminava os filhos em decorrência da postura de seus pais.

Esse redimensionamento acabou afastando da idéia de família o pressuposto do casamento. Para sua configuração, deixou de se exigir a existência de um par, o que, conseqüentemente, subtraiu de seu conceito a finalidade de proliferação.

Também a Carta Constitucional enlaçou no conceito de família a união estável entre um homem e uma mulher, emprestando juridicidade ao relacionamento existente fora do casamento. Assim, deixou de ser o casamento o marco a identificar a existência de uma família e o único sinalizador do estado civil das pessoas.

Apesar da profundidade das alterações levadas a efeito, faltou coragem aos juízes, pois não conseguiram visualizar o dimensionamento da nova ordem jurídica. Não houve qualquer avanço na concessão de direitos além dos que já vinham sendo deferidos antes da constitucionalização do conceito de família.

Somente com o advento das leis que regularam a união estável – e isso em 1994 e 1996 – é que se começou a conceder alimentos, reconhecer o direito à herança, à habitação e de usufruto aos partícipes dessas relações.

A Constituição, ao reconhecer a existência de entidades familiares fora do casamento, restringiu-se a emprestar juridicidade às relações heterossexuais. Por absoluto preconceito de caráter ético e moral, deixou de regular outras espécies de relacionamento que não têm como pressuposto a diversidade de sexos.

No entanto, mesmo com a atual conformação do Direito de Família, ainda não ocorreu a alteração da legislação infraconstitucional, permanecendo no bojo do Código Civil[9] todas as regras de hierarquização da família.

4. Conclusões

Ainda que o atual panorama legal não permita tratamento desigualitário em função do sexo, para o fim da discriminação não basta a consagração constitucional da igualdade.

O princípio da igualdade formal não é absoluto, é um conceito relativo, impõem-se diferenciações para tornar materialmente iguais entes desiguais. Mister acentuar as diferenças, para que se implementem políticas públicas que dêem um tratamento prioritário às questões de gênero. Por isso, indispensável a adoção de

---
[9] A referência é ao Código Civil de 1916.

ações afirmativas que busquem o estabelecimento da igualdade material por meio da igualdade de oportunidades.

Por mais que seja irreversível, a trajetória das mulheres ainda está muito condicionada à função reprodutora. A santificação da maternidade impõe-lhe um comprometimento exclusivo com relação aos filhos, o que leva à chamada síndrome da abnegação feminina. Normalmente, falta-lhe um projeto de vida próprio, o que traz graves problemas de identidade. Como a sociedade ainda possui uma visão estigmatizada da mulher, ligada mais aos seus dotes físicos do que a seus atributos intelectuais, difícil é o seu acesso ao poder.

No Executivo, afora algumas prefeituras de pequenas cidades, raras são as representantes do sexo feminino que têm participação política por iniciativa própria. As que chegam a se eleger normalmente entram na vida pública pelas mãos do pai ou do marido.

Igualmente, no Poder Legislativo, a chamada "bancada do batom" não chega a atingir 7% das câmaras legislativas, nas esferas federal, estadual ou municipal. Na tentativa de reversão desse quadro é que foi criada a denominada Lei das Cotas, que busca a inserção da mulher no cenário político.

No Poder Judiciário, cabe um questionamento de dupla ordem sobre a ocorrência de mudanças. As leis até agora foram feitas e aplicadas por homens. A presença de mulheres cada vez em maior número nos quadros da magistratura, no entanto, não tem levado a quaisquer alterações que ressaltem um enfoque de gênero. As mulheres são julgadas conforme representações sociais. Quando alguem perquire o comportamento moral da mulher, é por que é tida como provocadora da agressão de que foi alvo.

Talvez o mais surpreendente seja que, ainda quando conseguem as mulheres alcançar espaços até agora ocupados por homens, restam por reproduzir o modelo vigente. Acabam se tornando invisíveis para lograr aceitação. Enormes as dificuldades de afastamento das expectativas patriarcais, rompendo os códigos e os padrões legais vigorantes, para a implementação dos direitos de igualdade já conquistados pelo movimento feminista.

Mas não basta a edição de leis assegurando a ocupação dos espaços ou o aumento da participação das mulheres em determinados postos de poder para pôr fim à discriminação. Mister que as mulheres exerçam o papel de agentes modificadores dos padrões comportamentais vigorantes.

(Artigo publicado no livro Construções e perspectivas em gênero, Editora Unisinos, São Leopoldo, 2001, p. 157/164 e CD-ROM Coletânea Doutrinária, da Editora Plenum).

A honra masculina

A honra talvez seja dos conceitos mais difíceis de serem sintetizados, em face dos seus desdobramentos no campo da Ética, da Filosofia, da Religião, da Psicologia, enfim, em praticamente todos os ramos do conhecimento que têm o ser humano como objeto de cognição. Tal dificuldade, no entanto, não impede que todos, independente do grau de instrução ou nível de escolaridade, disponham de um referencial próprio, de uma diretriz ética de comportamento, ao menos para consumo interno.

Mesmo diante de todas as dificuldades de identificação do que seja a honra, é inquestionável que se trata de uma característica da personalidade. Decorre de uma atitude linear e permanente do indivíduo, que o leva a ser considerado merecedor do respeito e admiração de todos, passando a servir de modelo e exemplo para os demais integrantes da comunidade em que vive.

Ainda que a sociedade moderna esteja presenciando uma certa frouxidão de costumes, por meio do distanciamento das estruturas consideradas como padrões ideais, permanece a honradez sendo decantada como a única postura aceitável.

Provavelmente é a honra o mais saliente elemento sinalizador do próprio caráter, sendo, no entanto, um atributo personalíssimo, que, não se desloca para além do próprio indivíduo. Não pode ser transferido ao agir de outrem, por mais unidos que dois seres sejam, mesmo que vivam juntos, ou mantenham um vínculo afetivo. Nada leva a que o procedimento de uma pessoa contagie a imagem pessoal de outra.

O transbordamento do conceito de dignidade para atitudes alheias ensejou o surgimento de uma excludente de criminalidade não prevista na lei. A chamada legítima defesa da honra foi forjada mediante a idéia de que, se é possível defender a vida, possível é defender a vida interior, que é a honra. A justificativa da teoria é a possibilidade do sacrifício de bem jurídico alheio para a preservação de bem maior, ou seja, não é criminoso revidar a agressão à integridade, não só física, mas também à integridade moral. A convicção de que a infidelidade da mulher denigre a dignidade do homem acabava por autorizar sua morte, como forma de resguardo do próprio agressor. Assim, durante muito tempo, foram absolvidos todos os que, sentindo-se ultrajados, lavaram a própria honra a sangue.

Essa concepção evidencia um sentimento de posse do macho com relação à fêmea, transformando-a em objeto de sua propriedade e à hierarquização do par. Surge um sentimento de submissão e subordinação dela em relação a ele, que resta como detentor do poder e editor das regras comportamentais. Porém, descabe conceder o controle da sexualidade feminina ao homem. Nos relacionamentos interpessoais, ao ser a mulher considerada a rainha do lar, recebe o cetro de responsável pela boa estrutura da família. Restando como guardiã exclusiva da moral familiar, fica o homem liberado. O seu comportamento fora de casa nada afeta, nem sua própria imagem, e muito menos a dignidade da esposa ou a honradez do lar.

Os tribunais pátrios, reconhecendo o equívoco, passaram a decantar a inexistência de dita excludente de antijuridicidade. Deixaram os homens de ficar impunes, quando, sentindo-se traídos, matavam suas mulheres.

Mesmo pacificada essa postura jurisprudencial, não se encontra justificativa para a recente absolvição, levada a efeito pelo júri popular de uma cidade missioneira, do homem que matou a ex-mulher, após já estarem separados havia dois anos. O fundamento, aceito unanimemente pelo corpo de jurados (seis homens e uma mulher), é de ter agido o réu em legítima defesa da honra, ao ser chamado na rua de "cornudo".

No entanto, mais surpreendente que a própria absolvição foi a ausência de reação dos movimentos feministas, a inércia dos defensores dos direitos humanos e a falta de repercussão do episódio nos meios de comunicação. É indispensável que esse infeliz episódio sirva para alertar a sociedade de que tal tipo de reação não decorre de um gesto de amor, mas simplesmente de amor próprio ferido. Um mero sentimento de vingança, em nome do resgate da própria honra, não pode legitimar que se disponha da vida alheia impunemente. Essa prática, ao receber o referendo da própria Justiça, revela que persiste a violência doméstica, não se podendo ainda falar em igualdade, como cânone maior da ordem constitucional.

(Artigo publicado no Jornal Zero Hora, 10/5/1998, p. 17).

Festejar o quê?

Às portas de uma nova era, que traz como marca a universalização dos direitos humanos, e o absoluto respeito à dignidade da pessoa humana, talvez se afigure chocante que ainda seja necessário destacar no calendário uma data dedicada à mulher.

Como se fosse uma sina conjugar no feminino dor e sofrimento, glorifica-se a mulher numa data cuja origem é marcada pelo extermínio de um grupo de trabalhadoras, imoladas sumariamente. Da mulher sempre se exigem renúncias e sacrifícios em prol da família. É a "rainha" do lar. Esse reinado, no entanto, implica a sua despersonalização, impede realizações pessoais e gratificação profissional, passando sua vida a gravitar em torno do sucesso do marido e dos filhos. Tendo por missão dar-lhes apoio e tranqüilidade, realiza-se com o brilho deles, sendo vedado a ela buscar qualquer ideal fora do âmbito doméstico.

Também a maternidade – para a qual a mulher é adestrada desde o nascimento, pois seus brinquedos se limitam a bonecas, panelinhas e casinhas – lhe impõe sacrifícios ilimitados. A sacralização da função materna não lhe permite qualquer outra atividade, sem que a realize encharcada de culpas. Como diz o poeta, ser mãe é desdobrar fibra por fibra o coração, ser mãe é padecer no paraíso.

O embaralhamento de papéis provocado pela emancipação feminina levou à falsa idéia de haver sido alcançada a tão almejada igualdade. Ao invés de visualizar as diferenças para atingir a equiparação, acabou-se por subtrair as poucas conquistas que serviam como elementos equalizadores.

A igualdade, enfaticamente decantada na Constituição brasileira, não tem sido respeitada, nem sequer no âmbito da Justiça, que ainda submete as mulheres a um tratamento preconceituoso. Os direitos à percepção de alimentos, ao uso do nome, à guarda dos filhos são pretensões ainda condicionadas ao reconhecimento de sua "honestidade", pois só são deferidos à mulher "honrada", adjetivo que nada mais significa que restrição ao exercício da sexualidade.

Ante tal realidade, não há como ficar inerte. É preciso gerar a consciência de que a absoluta igualdade de direitos não se conseguirá sem a ação da sociedade e de seus Poderes maiores, inclusive do Judiciário.

As mulheres que lograram abrir espaço na sociedade têm o compromisso social de exigir tratamento igualitário e unir-se às demais para buscar as mesmas oportunidades para todas. É preciso mostrar às mulheres os direitos que nem sabem que têm, a fim de que possam escapar à submissão passiva que muitas entendem ser – mas não é – o seu cruel destino.

Assim se impõe a necessidade de ainda haver um Dia para essas reflexões, de modo que não mais se rime amor com dor, submissão com dedicação, honestidade com castidade. Que por ocasião do Dia Internacional da Mulher todas nós desfraldemos nossa bandeira para nela inscrever o refrão do hino rio-grandense: *Sirvam nossas façanhas de modelo a toda terra.*

(Artigo publicado no Jornal Mulher, nº 35, mar-abr/2000, p. 2; no Jornal Pioneiro, de Caxias do Sul - RS, 06/02/2002; no Diário Popular, de Pelotas - RS, 22/02/2002, p. 6; no Jornal O Liberal, de Macapá – Amapá, 28/02/2002, p. 02; no Jornal do Comércio, 1, 2 e 3/3/2002, p. 4; e no Jornal Fêmea, nº 110, março/2002, p. 8).

A mulher do século XXI

A presença paritária de homens e mulheres nos bancos acadêmicos, no mercado de trabalho, na direção de veículos, enfim, na sociedade talvez não permita ver que a discriminação contra a mulher ainda existe. Prova disso é a presença rarefeita de mulheres nos órgãos de cúpula do poder, sua ausência no STF[10] e sua escassa participação no cenário político.

As raras conquistas, os pequenos avanços, no entanto, têm levado a uma verdadeira acomodação. As mulheres se dão por satisfeitas, tentando se convencer de que, diante da igualdade constitucionalmente consagrada, nenhuma diferença persiste. Melhor é não ver que ainda percebem salários um terço menores do que os dos homens. Mais fácil é ridicularizar as feministas, repetir o modelo patriarcal e subjugar-se ao poder masculino.

Mas é no âmbito da família que a submissão é mais visível. A mulher é a grande vítima da violência doméstica. É o crime cometido com mais freqüência, é o menos denunciado e normalmente não é punido.

A verdadeira sacralização da família interessa ao Estado, que lhe delega a função de formar o cidadão de amanhã, tarefa que quase sempre recai sobre os ombros femininos. Apropriando-se dos vínculos afetivos entre homens e mulheres, a lei transformou ditos relaciona-

---

10 A assertiva corresponde ao ano de 1999, data de elaboração do texto.

mentos em casamento, elo em um primeiro momento indissolúvel. Verdadeira instituição cercada de formalismo, com interesses de ordem patrimonial. O casamento atribuiu direitos e deveres aos cônjuges, imposições muitas vezes sequer desejadas pelo par. O vínculo jurídico gerado pelo matrimônio, ainda que agora já possa ser desfeito, é mantido independente da vontade dos cônjuges. Só cabe deferir a separação mediante a identificação de um culpado, como que se buscando punir quem simplesmente ousa não querer mais continuar casado.

A liberação dos costumes – que decorreu da chamada revolução feminina, da inserção da mulher no mercado de trabalho, do surgimento dos métodos contraceptivos – levou à quebra da ideologia patriarcal. De outro lado, a evolução da engenharia genética, ao gerar formas reprodutivas independentes de contatos sexuais, acabou por redimensionar o próprio conceito de família. Não mais é exclusivamente a união de um homem e uma mulher, unidos pelos sagrados laços do matrimônio. A presença do afeto é o que basta para a identificação de uma entidade familiar, em que se inserem tanto as chamadas uniões estáveis como as famílias monoparentais e as relações afetivas homossexuais, melhor nominadas de relações homoafetivas.

No limiar deste novo século, estamos em um período de transformações, fazendo-se necessário pensar e repensar a relação entre o justo e o legal. O surgimento de novos paradigmas familiares leva a rever os modelos preexistentes, para que todos sejam enlaçados sob o manto do Direito de Família.

A sociedade, no entanto, ainda se encontra regida pelo Código Penal, editado em 1940, que considera crime o adultério, e pelo Código Comercial, que data de 1850 e que exige a autorização do marido para a mulher praticar atos de mercancia. O Código Civil vige desde 1916 e ainda autoriza o pedido de anulação de casamento no caso de ser desconhecido do marido o defloramento da mulher. Para substituí-lo, o Projeto de Lei que cria um novo Código Civil se arrasta por mais de um quarto de século no Congresso Nacional.

O surgimento do atual modelo de família leva à necessidade de rever posturas revestidas de conservadorismo, devendo-se atentar na liberdade como um dos pilares do Direito.

Para que se resgate a credibilidade da Justiça e se acredite em um Direito mais legítimo, mais sensível, mais voltado à realidade social, é mister que a mulher ainda empunhe suas bandeiras e prossiga na luta pela igualdade, direito que está calcado muito mais no reconhecimento da existência de diferenças.

(Artigo publicado no Jornal da ABMCJ, nº 3, set/out 2000, p. 4; no Jornal Zero Hora, 28/11/2000; no Jornal AMB Informa, nº 10, dez/2000, p. 25, e em Presença Literária 2003, edição comemorativa ao 60º aniversário da Academia Literária Feminina/RS, p. 95/96).

A mulher na política

Palestra de abertura do II Simpósio Nacional de Direito Eleitoral, proferida no dia 30.07.1998, em Curitiba – PR

A mulher brasileira tornou-se cidadã somente em 1932, quando adquiriu o direito de votar, e hoje o contingente feminino representa mais da metade do eleitorado. Esse número, no entanto, choca-se com o acanhado desempenho das mulheres nas últimas eleições. Foram eleitas[11] no País 317 prefeitas e 7.000 vereadoras, o que corresponde, respectivamente, a 5,7% e 11,61% dos eleitos. São somente 106 deputadas estaduais, 29 deputadas federais e 5 senadoras, isso considerando que desde 1995 vigora a lei que assegura uma cota mínima de participação de cada um dos sexos nas eleições proporcionais.

Ainda assim, do universo político feminino, a maioria entra para a vida política pelas mãos do pai ou do marido, sendo mínimo o número com trajetória autônoma baseada em carreiras políticas desvinculadas de laços familiares. O maior empecilho ao ingresso das mulheres na política são os próprios maridos ou companheiros, que impedem a candidatura, sob o fundamento de que elas deixariam de atender aos afazeres domésticos e de cumprir com o dever de cuidado dos filhos,

---

[11] Os dados correspondem às eleições majoritárias do ano de 2000.

segundo uma pesquisa realizada pelo Departamento de Ciências Políticas da UFRGS.

Essa quase inaptidão da mulher para participar da vida pública decorre, sem sombra de dúvida, tanto do pouco interesse dos homens em dividir o poder, como de alguns componentes de ordem cultural.

O ingresso da mulher no mercado de trabalho ocorreu com a Revolução Industrial, que buscou na mão-de-obra feminina a forma de baratear custos. A baixa auto-estima a fez aceitar remuneração inferior, ainda quando no desempenho da mesma função. Se tal fato levou a mulher para fora do lar, começando a contribuir para o sustento da família, os encargos domésticos continuaram sob sua exclusiva responsabilidade.

Os relacionamentos afetivos ainda são vincados por uma marcante hierarquização, ocupando, homens e mulheres, dois mundos bem polarizados. Enquanto o homem desempenha o papel de provedor e arvora-se como chefe de família, sente-se descompromissado com as atividades domésticas. Resta a mulher relegada à função de reprodutora, responsável pela casa, pela criação dos filhos e pelo cuidado com os idosos e doentes. Reservado ao homem o espaço público, fica a mulher confinada ao recinto do lar.

Diante desse retrato, que ainda espelha a realidade de hoje, não é difícil compreender o motivo por que a mulher não busca um espaço na política.

A Constituição Federal é enfática, e até repetitiva, ao proclamar a igualdade entre o homem e a mulher. Segundo o filósofo Norberto Bobbio, a maior transformação que ocorreu neste século foi a revolução feminina.

Assim, no limiar de uma nova era, é chegada a hora de poder-se afirmar, sem falso otimismo, que o século XXI será o século das mulheres.

Mas não basta ser mulher para mudar a condição da mulher na política. É preciso que a política seja vista pela ótica da mulher. Só assim haverá uma inovação, e a participação feminina será uma conquista, não uma concessão.

> (Artigo publicado no Jornal Correio do Povo, de 14/12/2000, p. 4, e no Clipping AJURIS, ano II, nº 4, março de 2001, p. 5).

Liberação masculina?

Será que as mulheres conseguem, nos dias de hoje, avaliar o que nos custou a obtenção da cidadania? Ainda habita nossa memória a trajetória do movimento feminista na busca da tão almejada igualdade?

A mulher deixou de ser considerada o sexo frágil, cuja virgindade era o símbolo de sua castidade, atributo que lhe assegurava a qualidade de pureza e honradez. Não mais é vista como a rainha do lar, responsável pela harmonia da família, tendo por único ponto de realização as tarefas domésticas de cuidado do marido, da casa e dos filhos.

O acesso à educação, à profissionalização e ao mercado de trabalho acabaram por duplicar a jornada de trabalho feminina. O homem deixou de desempenhar com exclusividade sua principal "obrigação" de provedor da família. Passou a dividir esse encargo com a mulher.

Também outros "privilégios" foram perdidos: viajar sentada nos ônibus e metrôs, ser saudada sem chapéu, ter preferência em filas... Não mais existem tarefas das quais a mulher seja "poupada", por exigirem maior resistência física. Ela invadiu todas as profissões e está ocupando cada vez espaços maiores.

Tudo isso leva a questionar se o movimento de liberação foi feminino ou masculino. O homem não mais mantém o lar, não mais paga a conta, esqueceu os galanteios... mas também não divide as tarefas domésticas, não auxilia no cuidado dos filhos, não se responsabiliza pela administração do lar, funções que continuam sendo exclusivamente da mulher.

Será que valeu a pena? Será que todas as vitórias trouxeram vantagens?

A resposta só pode ser afirmativa, principalmente quando a mulher conseguir impor respeito à sua integridade física, deixando de silenciar diante da violência doméstica.

No momento em que a sociedade entender que igualdade é o respeito à diferença, seremos todos, homens e mulheres, iguais. Estaremos igualmente libertos. A igualdade é o pressuposto da liberdade. Esses são os requisitos indispensáveis para o desenvolvimento pleno e sadio da família, a qual deve valorar e praticar a solidariedade e o afeto, elementos estruturantes do ser humano.

Eis a rota certa da harmonia e da felicidade.

(Artigo publicado no livro Presença Literária 2003, edição comemorativa ao 60º aniversário da Academia Literária Feminina/RS, pp. 97/98).

As mulheres na vida pública

Se atentarmos ao fato de que a Constituição Federal é enfática, e até repetitiva, ao proclamar a igualdade entre o homem e a mulher, é de questionar o motivo do acanhado desempenho feminino no panorama nacional.

A vida pública das mulheres restringe-se geralmente a participações sociais, como clubes de mães ou movimentos de donas-de-casa.

Hoje, o contingente feminino representa 50,3% do eleitorado. Esse número, no entanto, choca-se com o fato de que somente 4 mulheres foram eleitas em 1996 para o Senado Federal, e a chamada "bancada do batom" corresponde a 7,5% da Câmara Federal e a 7,6% das câmaras municipais. Desse universo, a maioria entrou para a vida política pelas mãos do pai ou do marido. É mínimo o número de candidatas com carreiras políticas desvinculadas de laços familiares, com trajetória autônoma baseada em posturas ideológicas.

Também no Executivo os números não são nada estimulantes: só há uma governadora, no Maranhão, Roseana Sarney, que é filha de um ex-Presidente da República. Nunca houve – e nestas eleições[12] também não há, nenhuma mulher candidata à Presidência da República.

No Poder Judiciário, o fenômeno só aparentemente apresenta outra feição. Como o ingresso na carreira se

---
[12] A referência é às eleições do ano de 1998.

dá mediante concurso público, as mulheres já estão entrando em um maior número, obtendo, inclusive, as primeiras colocações. Mas, nos tribunais estaduais, cujo acesso depende de promoção, é mais rarefeita a presença feminina, sendo que nenhuma integra o Superior Tribunal de Justiça ou o Supremo Tribunal Federal.

Essa quase inaptidão da mulher para participar da vida pública decorre, sem sombra de dúvida, tanto do pouco interesse dos homens em dividir o poder, como de componentes culturais em que se precisa atentar.

Os relacionamentos afetivos estão vincados por uma marcante hierarquização, ocupando, homens e mulheres, dois mundos bem polarizados. Enquanto o homem desempenha o papel de provedor, ainda se arvora como chefe de família e se sente descompromissado com as atividades domésticas. À mulher resta a função reprodutora, sendo responsável pela casa, pela criação dos filhos e pelo cuidado com os idosos e doentes. É reservado ao homem o espaço público, ficando a mulher confinada ao recinto do lar.

Esses estereótipos, definidos desde o nascimento, só permitem que os meninos brinquem com carrinhos, aviões e bolas, pois bonecas, casinha e panelinhas são brinquedos proibidos. Qualquer interesse por essas coisas leva ao questionamento de sua masculinidade.

O ingresso da mulher no mercado de trabalho ocorreu com a Revolução Industrial, que buscou na mão-de-obra feminina a forma de baratear custos. Sua baixa auto-estima a fez aceitar remuneração inferior, ainda quando no desempenho da mesma função. Esse fato levou-a para fora do lar, começando a contribuir no sustento da família, mas os encargos domésticos continuaram sob sua exclusiva responsabilidade. Mais: a sacralização da maternidade, a condição de rainha do lar, responsável pela mantença do perfil moral da família, não permite reverter a condição de submissão que lhe foi imposta. Por isso, em nome da família, por amor aos filhos, por medo da rejeição social, mantém-se a mulher em uma posição de inferioridade. Tal gera um sentimento de propriedade, arvorando-se o homem no direito de agredir quem ousa lhe desobedecer. Esses ingredientes levam ao estarrecedor quadro da violência doméstica, delito que faz o maior número de vítimas no mundo.

Diante desse retrato, que ainda espelha a realidade de hoje, não é difícil compreender o motivo por que a mulher não busca um espaço na política. Se nem no recinto de seu lar, onde é a rainha, pode manifestar sua vontade, como encorajá-la a que se conscientize da possibilidade de exercer o poder?

Segundo uma pesquisa realizada pelo Departamento de Ciências Políticas da Universidade Federal do Rio Grande do Sul, o maior empecilho ao ingresso das mulheres na política são os próprios maridos ou companheiros, que impedem a candidatura, sob o fundamento de que elas deixariam de atender aos afazeres domésticos e de cumprir com o dever de cuidado dos filhos.

Na tentativa de reverter esse quadro é que desde 1995 vigora a lei que assegura uma cota mínima de participação nas eleições para cada um dos sexos. Dito percentual, que em 1996 foi de 20%, neste ano foi elevado para 25% e para o ano 2000 será de 30%. Mas esses percentuais nunca foram preenchidos.

A lei, nominada como sistema de cotas, busca inserir a participação da mulher na política, não só passivamente, mas como parte ativa, como agente político. Para o fortalecimento do projeto democrático, é necessário que os partidos trabalhem na capacitação política das mulheres, que sempre foram alijadas do espaço público.

Atualmente tramitam no Congresso Nacional 189 projetos de lei[13] que tratam dos direitos da mulher, nada

---
[13] A referência corresponde ao ano de 1998.

justificando a falta de conscientização política dentro de uma perspectiva de gênero para obterem aprovação.

A maior transformação que ocorreu neste século foi a revolução feminina, segundo o filósofo Norberto Bobbio. A ONU patrocinou a década da mulher e quatro encontros mundiais. No último, que se realizou em Pequim, reuniu 47 mil mulheres de todos os continentes, etnias, culturas e classes. Resultou do evento uma Plataforma de Ações, que foi firmada pelo Brasil e estabelece a necessidade de adoção de políticas públicas para mulheres e sua inserção na vida pública.

Não basta ser mulher para mudar a condição da mulher na política. A candidata precisa ver a política do ponto de vista feminino. Só assim teremos uma inovação, uma renovação, e sua participação será uma conquista, não uma concessão.

No limiar de uma nova era, podemos afirmar, sem falso otimismo, que o século XXI será das mulheres.

(Artigo publicado no Informativo da ABMCJ/Maceió-Alagoas, nº 8, out-nov/1998, e no Jornal Zero Hora, 10/8/1998).

Jurisprudência da igualdade

Palestra proferida por ocasião da Quarta Conferência Bienal Internacional, promovida pela Asociación Internacional de Juezas, dia 13/5/1998, em Ottawa, Canadá.

Sumário: 1. A mulher na magistratura; 2. A mulher no contexto social; 3. A discriminação legislativa e a postura jurisprudencial; 4. O papel da mulher na magistratura

1. A mulher na magistratura

Ainda não existe nenhuma mulher integrando os Tribunais Superiores, e somente 22 cadeiras dos tribunais de justiça estaduais são ocupadas por representantes do sexo feminino.[14]

Apesar de esses dados revelarem a existência de forte discriminação contra a mulher na órbita do Judiciário, crescente é sua participação nas carreiras jurídicas, podendo-se afirmar que está ocorrendo a feminização não só da magistratura, mas da própria Justiça.

As magistradas, por menos numerosas, são vistas como totens e rotuladas como mais severas ou mais condescendentes que seus pares, ou ainda mais ou menos adequadas para jurisdicionar determinadas varas. Essa estratificação dicotômica, estereotipada pelo gênero, trata-se de percepção freqüentemente inconsciente revestida de conteúdo discriminatório.

---

[14] Os dados dizem com o ano de 1998.

2. A mulher no contexto social

Em nenhuma nação do planeta as mulheres vivem em condições de igualdade com o homem.

Há realidades universais: as mulheres de todos os lugares do mundo compõem dois terços dos analfabetos, são vítimas da violência doméstica, recebem remuneração diferenciada e têm dificuldade de acesso a determinados postos. Esses fatores têm levado afirmar que a miséria tem cara de mulher.

Dita realidade é mais marcante no Brasil, pelas suas dificuldades socioeconômicas. A violência doméstica, a mais cruel conseqüência da discriminação, chega a alarmantes números: a cada 4 minutos uma mulher é vítima de agressão.

Comparando esse dado com o pequeno, quase inexistente, número de condenações nesses crimes, é imperioso reconhecer a parcela de responsabilidade do Judiciário pela escalada da violência. A absolvição dos agressores, em nome da preservação da família, acaba fomentando a violência, pois consagra a impunidade.

Recente lei que condiciona a instauração do processo criminal à representação por parte da vítima acaba entregando o controle da violência à mulher, que, fragilizada pela submissão e dependência econômica, acaba desistindo de formalizar a denúncia.

Também um dado assustador é o reconhecimento da legítima defesa da honra como excludente da criminalidade. Quando os autores buscam resgatar a honra matando quem não lhes foi fiel, os crimes são tratados como passionais.

3. A discriminação legislativa e a postura jurisprudencial

O igualitarismo formal vem decantado enfaticamente na Carta Constitucional brasileira de 1988, o que não é suficiente, por si só, para se alcançar a absoluta equivalência social e jurídica de homens e mulheres.

Basta lembrar que os delitos sexuais são considerados crimes contra os costumes, evidenciando que a objetividade jurídica protegida é a sociedade, a parte ofendida é o ente social, e não a mulher.

O argumento da legítima defesa da honra não está na lei, mas vem servindo de motivo para a absolvição do marido traído, o que revela uma atitude preconceituosa contra as mulheres.

O estupro, ainda que pertencente à categoria de crime hediondo, é classificado como crime de ação privada. A abertura do processo depende de provocação da vítima, desonerando-se o Estado da obrigação de punir. Ainda assim, normalmente se exige a evidência de lesões corporais, sob pena de se questionar se efetivamente houve resistência. A vítima que se afasta dos padrões de castidade é tratada como leviana e permissiva, e é muito difícil a condenação quando são estupradas prostitutas ou alguém que mantém uma postura sexual liberada.

Além disso, o estupro praticado pelo marido é considerado como cobrança de uma obrigação. De outro lado, as esposas acham que o exercício da sexualidade é um dever do casamento, o que desestimula denúncias e dificulta investigações.

Essa abordagem discriminatória se faz sentir também na esfera civil. Nos processos envolvendo relações familiares é onde mais se flagra que a profunda evolução legislativa ocorrida nos últimos tempos não bastou para alterar o discurso dos juízes.

Em alguns temas, vê-se com bastante clareza que, ao ser feita uma avaliação comportamental dentro de requisitos de adequação a determinados papéis sociais, é desconsiderada a liberdade da mulher.

É necessária uma revisão crítica e uma nova avaliação valorativa do fenômeno social, para que se alcance a perfeita igualdade. Os operadores do Direito precisam atentar em que não pode persistir essa odiosa diferenciação de gênero, fazendo-se imperioso eliminar qualquer resquício de preconceito contra a mulher.

O Poder Judiciário ainda é uma das instituições mais conservadoras e sempre manteve uma posição discriminatória quanto ao gênero masculino-feminino. Em face de uma visão estereotipada da mulher, exige uma atitude de recato e impõe uma situação de dependência. Os novos valores sociais que emergiram referentes à dignidade da mulher e sua autonomia, liberdade e privacidade na área da sexualidade acabam sendo olvidados.

Tais circunstâncias evidenciam que as mulheres são vítimas dos tribunais brasileiros, já que os processos sofrem influência de normas sociais permeadas de preconceito de gênero.

4. O papel da mulher na magistratura

Indispensável investigar se a presença maciça das mulheres na magistratura afeta o contexto das decisões judiciais.

As juízas, apesar de terem consciência da necessidade de mudanças, não rompem com os códigos e padrões legais vigentes. Sentem-se incapazes de confrontar o padrão patriarcal, ou por não terem consciência dele, ou por não estarem dispostas a arcar com as conseqüências de não corresponderem às expectativas patriarcais sobre as mulheres.

Não há como negar que a Justiça possui uma certa condescendência para com os réus, sempre entrando em linha de questionamento a atitude da vítima, como motivadora dos fatos. Perquirir o comportamento moral da mulher, no entanto, pode levar ao reconhecimento de que foi ela quem provocou o crime, sendo culpada pela própria sorte.

O Judiciário possui uma visão benigna sobre a violência contra a mulher. Por acreditar-se que o casal vai se reconciliar, a violência doméstica é tratada com desleixo.

Não basta o acesso de mulheres à magistratura para garantir o fim da discriminação nas decisões judiciais. Necessária se faz a adoção de ações para estabelecer a igualdade entre homens e mulheres no âmbito do Poder Judiciário.

Sensível a essas dificuldades, e sentindo o peso de minha responsabilidade, como primeira juíza da magistratura estadual e única Desembargadora do Tribunal de Justiça do Estado do Rio Grande do Sul, criei o Projeto Repensar. O lançamento ocorreu por meio de um seminário destinado a juízes, promotores, advogados e defensores, abordando os seguintes temas: A Isonomia entre os Sexos, As Discriminações Judiciais e Questões de Gênero. Todos foram enfrentados não só quanto aos aspectos jurídicos, mas também sob o aspecto psicológico. Dito projeto buscou a criação de núcleos de estudo e pesquisa dentro das dependências do próprio fórum, para facilitar a atividade dos operadores do Direito, principalmente juízes. A idéia é manter constante trabalho voltado ao estudo e levantamento de como está ocorrendo o julgamento das ações que envolvem questões de gênero.

É necessário olhar a mulher em relação ao Direito a partir do conceito de gênero, não como sexo biológico, mas como as diferenças biológicas se expressam em determinadas relações sociais. Por essa ótica é que se precisa analisar se a inserção feminina na magistratura altera a ideologia dominante, ou seja, se há interferência do sexo do magistrado para a implementação dos direitos de igualdade já conquistados pelos movimentos feministas.

Assim, não basta o aumento do número de magistradas para que determinados padrões de comportamento sejam alterados para o estabelecimento da igualdade, o fim da discriminação e a eliminação da violência contra a mulher.

JusMulher:
um exemplo de cidadania

Palestra proferida no Seminário Os Direitos da Mulher na Travessia do Milênio, promovido pela Associação Brasileira das Mulheres de Carreira Jurídica – ABMCJ e pelo Instituto dos Advogados do Rio Grande do Sul – IARGS, em 24.11.1999, Porto Alegre – RS

Não basta a revolução feminina haver marcado este século. Mister que principalmente nós, mulheres de formação jurídica, tenhamos consciência da responsabilidade de vigiar de perto a aplicação da maior garantia constitucional, que é a garantia da igualdade.

As leis até agora foram feitas e aplicadas por homens, e a presença de mulheres, cada vez em maior número, entre os operadores do Direito não tem levado a quaisquer alterações que ressaltem o viés social a partir de um enfoque de gênero. Ainda quando conseguem as mulheres alcançar espaços até agora ocupados por homens, restam por reproduzir o modelo vigente e acabam se tornando invisíveis para lograr aceitação. É enorme a dificuldade de romper os códigos e os modelos legais vigorantes, para a implementação dos direitos já conquistados pelo movimento feminista. Para pôr fim à discriminação, mister que se exerça o papel de agente modificador dos padrões comportamentais vigentes.

Com tal certeza é que o Rio Grande do Sul criou o JusMulher, que já alcançou o mundo como modelo de serviço voluntário. Adotado como programa oficial da Associação Brasileira das Mulheres de Carreira Jurídica em sede nacional, já funciona em diversos Estados. Ao ser divulgado em Pequim, no IV Congresso da ONU, foi indicado como modelo para ser implantado em todos os países que integram a Fédération Internacionale des Femmes de Carrières Juridiques.

Buscar soluções para os problemas sociais não é um compromisso só do governo. Dar aquilo de que se pode dispor, dividir nossa riqueza maior, ou seja, os conhecimentos que amealhamos. Com esse propósito é que foi idealizado o serviço de assessoria jurídica e psicológica às mulheres carentes.

Mais do que um serviço assistencial, o JusMulher é um exemplo de cidadania, de humanidade, de doação, de amor ao próximo, a servir de modelo a todos, para que aprendamos a abrir mão de um pequeno espaço de nossas vidas e a dividir a riqueza que afortunadamente logramos acumular: o nosso saber, para que não sirva somente para nos dar satisfação intelectual ou compensação financeira.

Assim, buscando atender a quem está sedento de justiça e farto de violência, realizamos, há quatro anos, mais do que uma tarefa, assumimos uma verdadeira missão de vida.

Somente com a conscientização de que o novo modelo da família deve basear-se na mútua colaboração e no afeto é que se poderá chegar à tão almejada igualdade e ao fim da violência doméstica, única forma de adentrarmos o terceiro milênio de cabeça erguida.

Mulher cidadã

Até há pouco, muito pouco, as expressões "mulher" e "cidadã" afiguravam-se como antônimas. Como somente em 1932 passou a existir o voto feminino e até 1962 as mulheres, ao casarem, se tornavam relativamente capazes (eram assistidas pelo marido para os atos da vida civil e necessitavam de sua autorização para trabalhar), não se podia falar em cidadania feminina.

A Constituição Federal buscou resgatar a igualdade, cânone da democracia desde a Revolução Francesa e linha mestra da Declaração dos Direitos Humanos. O legislador foi enfático, e até repetitivo, ao consagrar a plena isonomia de direitos e obrigações entre o homem e a mulher, varrendo do sistema jurídico todo e qualquer dispositivo legal que, mesmo com aparente feição protecionista, acabava por colocar a mulher num plano de subordinação e inferioridade. Assim, não mais é o marido o cabeça-do-casal, o representante legal da família, nem o único responsável por prover o seu sustento.

Mesmo que não mais se justifique a permanência desses dispositivos nos textos legislativos, sua vigência persiste ao menos no campo social.

Não se pode negar que melhorou em muito a situação da mulher no contexto atual. Longa foi a trajetória para que diferenças físicas e biológicas deixassem de servir de motivo para dar sustentáculo a um tratamento discriminatório. Surgiu o movimento de mulheres. Suas integrantes passaram a ser chamadas de feministas, expressão que gerou tal carga de aversão, que acabou por ser repudiada pelas próprias mulheres. Necessária se fez a realização de conclaves, passeatas e gritos de protestos, inclusive com queima de sutiãs em praça pública. Tais tentativas libertárias acabaram acarretando a imolação de mais de cem operárias, que vindicavam melhores condições de trabalho. Esse fato, para servir de alerta e não mais ser esquecido, acabou por identificar o Dia Internacional da Mulher.

Não há razão, porém, para se transformar tal data em motivo de mero júbilo. Nesse dia, a mulher é colocada em um pedestal, homenagens lhe são prestadas, ela recebe flores e reverências, mas sempre com uma conotação jocosa, como se lhe estivesse sendo concedido o direito de viver, por um dia, um sonho de Cinderela.

Enquanto a violência doméstica corresponder a um terço dos delitos cometidos no mundo, 100 mil mulheres morrerem anualmente vítimas de aborto e 114 milhões de meninas forem submetidas à mutilação sexual, nada merece ser comemorado. Mais: enquanto forem mulheres 80% dos miseráveis do planeta (assim nominados aqueles que recebem menos de um dólar/dia) e 70% dos analfabetos, percebendo salário 40% inferior, ainda muito necessita ser feito.

Criou-se um sem-número de entidades, articularam-se associações, firmaram-se tratados e convenções. Por quatro vezes, a ONU realizou conferências focando a questão de gênero, na busca de estabelecer plataformas de ação a serem implantadas por todas as nações, pois o fenômeno discriminatório não é privilégio dos países subdesenvolvidos ou em desenvolvimento. Mesmo nas mais avançadas civilizações, não há igualdade de oportunidade e violência doméstica também existe.

Indisfarçável o avanço em vários setores e a conquista de novos espaços, o que, no entanto, ainda não repercutiu nas estruturas do poder, em que é rarefeita a presença das mulheres. No Brasil, nenhuma integra o primeiro escalão do Executivo em âmbito federal. Só há uma governadora e 178 prefeitas. Somente seis senadoras têm assento na câmara legislativa maior. E, apesar de, no Poder Judiciário, 36% de seus membros serem magistradas, nenhuma ocupa os Tribunais Superiores e somente duas ostentam o título de ministras na Justiça Trabalhista.[15]

Se não mais somos consideradas como um ser inferior, se o tamanho menor de nosso cérebro deixou de servir de evidência de menos capacidade, muito ainda falta para sermos reconhecidas como mulheres cidadãs.

(Artigo publicado no Jornal Zero Hora, Porto Alegre – RS, 08/3/1998, p. 23).

---

[15] Os dados correspondem ao ano de 1998, quando da elaboração do artigo.

A ONU e a mulher

Palestra proferida na Reunião Soroptimista Internacional, em 17 de março de 1995, em Porto Alegre-RS

Um novo século está nascendo com grandes transformações e profundas mudanças na vida dos povos. Apesar de haver uma busca de melhoria das condições de vida no planeta, há uma parcela significativa de excluídos, dentre os quais as mulheres, vítimas da desigualdade, da discriminação social, da pobreza e da violência.

Termos que lutar por nossos direitos é assunto que deveria ser falado em voz baixa, por ser vergonhosa, mais para as mulheres do que para os homens, esta submissão que nos impomos e que nos impede o acesso ao centro do poder.

Ainda é necessário bradar bem alto, pois a saga das mulheres ainda não se revelou suficiente para reverter essa triste realidade. Esse fato, por preocupar o mundo, levou as Nações Unidas a organizar sua mais significativa reunião, a realizar-se de 4 a 15 de setembro.[16] A IV Conferência Mundial sobre a Mulher, em Pequim, sem dúvida será a mais importante conferência mundial desta segunda metade do século XX.

Trata-se de conferência intergovernamental, com a participação de entidades femininas credenciadas, buscando estabelecer, no plano nacional e internacional, um

---

[16] O evento foi realizado no ano de 1995.

programa de desenvolvimento da mulher em todo o mundo.

A 1ª Conferência da ONU sobre a mulher aconteceu há 20 anos, em 1975, na cidade do México, com o lema Igualdade, Desenvolvimento e Paz, expressões que passaram a ser o norte para o decênio de 1976 a 1985. Em 1980, no segundo encontro da ONU, em Copenhague, foram acrescidos três subtemas: Educação, Emprego e Saúde. A terceira conferência ocorreu em Nairóbi, em 1985, quando foram incorporados os temas sob o título: Estratégias Orientadas ao Futuro, para o Desenvolvimento da Mulher até o Ano 2000.

A miséria que lastreia o mundo, fruto da prolongada crise econômica mundial e do fracasso da iniciativa do Estado, atinge de maneira desproporcional a mulher. Apesar do aumento significativo de mulheres como chefes de família, possuem elas menos acesso aos recursos econômicos. Um terço das famílias do mundo está a cargo de mulheres, sendo que a metade das famílias pobres são sustentadas por mulheres sozinhas.

Esse quadro é que embasa o projeto de plataforma de ação, buscando promover a independência econômica da mulher e seu acesso à educação e aos serviços de saúde. Ingentes têm sido os esforços na preparação do conclave, com uma série de reuniões preparatórias com subsídio das ONGs que realizarão um congresso paralelo. A última reunião preparatória ocorreu em Nova Iorque, reunindo cerca de 1.500 pessoas e representantes de 160 países.

O Brasil, após cinco seminários nacionais realizados em Salvador, Rio de Janeiro, São Paulo, Porto Alegre e Brasília, elaborou um documento intitulado Relatório Geral sobre a Mulher na Sociedade Brasileira, a ser apresentado em Pequim. Foi feito um diagnóstico da situação da mulher no Brasil, que destaca a persistência das desigualdades no acesso ao trabalho, bem como a violência social e doméstica, física e sexual de que são vítimas as brasileiras.

Quero confessar que um dos tópicos contou com minha modesta participação, a partir de um trabalho intitulado "A Mulher e o Poder Judiciário", que ressalta que a legislação ordinária brasileira ainda não foi atualizada de forma a promover a igualdade entre homens e mulheres, conforme preconiza a Constituição Federal.

A plataforma de ação apresentada pela Secretária da Conferência, Gertrude Mongella, mostra que as mulheres, mesmo sendo metade da humanidade e tendo papel fundamental na produção em todos os setores, longe estão de participar em condições de igualdade desses benefícios coletivos. O documento oficial aponta estratégias e medidas concretas a serem adotadas.

Curioso é atentar em que, apesar das semelhanças quanto à existência de desigualdades, há dissenso, por exemplo, quanto à universalidade dos direitos humanos das mulheres, questionados pelo Irã e outros países fundamentalistas. Também quanto aos direitos reprodutivos e sexuais, há visões diferenciadas, devido a posturas de ordem religiosa sobre as formas de controle da natalidade.

O evento procura enfrentar de forma global um problema comum, evidenciando que não são mais suficientes iniciativas isoladas e independentes. Por isso, no dia 8 de março, Dia Internacional da Mulher, reuni 8 entidades atentas aos problemas femininos – entre as quais esta que ora me recebe com tanta fidalguia – e lancei a idéia da formação de uma federação. Sob o nome de FAF – Federação das Associações Femininas, a idéia é unir as entidades femininas.

Assim, estão em acelerada fase de elaboração os estatutos dessa entidade, que irá abrigar organismos governamentais e não-governamentais, públicos e privados, da esfera nacional, estadual e municipal, bem como as entidades dos países integrantes do Mercosul, essa nova forma organizativa estatal que igualmente tem a união como tônica.

Apesar das muitas e operosas associações existentes neste Brasil, é difícil fazer ouvir os reclamos pela igualdade. O isolacionismo leva à falta de poder político, e somente a comunhão de esforços poderá fazer ecoar nossas vozes.

O federalismo, como forma de viabilizar a luta conjunta, é que permitirá que se realce o papel da mulher, com a conquista de um novo espaço no qual se reconheça nossa força.

Como de forma feliz concluiu Sonia do Canto no editorial da 2ª edição do Jornal Mulher, "a nós compete o engajamento para traduzir um embate permanente de toda a gente de nossa terra para a gente de todas as terras".

Quero agradecer a todos por hoje me oportunizarem noticiar o nascimento deste novo ser.

Ações afirmativas: a solução para a desigualdade

Palestra proferida no X Congreso Internacional de Derecho de Família promovido pela Fédération Internacionale des Femmes de Carrières Juridiques, em 23.09.1998, Barcelona – ESPANHA

A regra do inciso I do art. 5° da Carta Constitucional do Brasil de 1988 consagra com uma clareza solar o princípio da igualdade, reproduzido em praticamente todas as constituições editadas após a Revolução Francesa: "homens e mulheres são iguais em direitos e obrigações nos termos desta Constituição". Essa garantia encontra reforço no inciso XXX do seu art. 7°, que proíbe qualquer discrímine fundado em motivo de sexo, idade, cor ou estado civil.

Apesar de decantar a igualdade formal, o próprio texto da Lei Maior prevê normas que concedem tratamento diferenciado a homens e mulheres. É outorgada proteção ao mercado de trabalho feminino, mediante incentivos específicos (inciso XX, art. 7°), bem como lhe é assegurada a aposentadoria com 60 anos, enquanto, para os homens, a idade limite é de 65 anos (art. 202). Essas distinções não se prendem a diferenças fisiológicas, mas são decorrência de fatores culturais, pois, em face das responsabilidades familiares, as mulheres prestam dupla jornada de trabalho. Assume a esposa a integralidade das tarefas domésticas e, quando é mãe, o cuidado com os filhos, exige um maior esforço, levando-a a um precoce envelhecimento.

A aparente incompatibilidade entre essas normas jurídicas solve-se ao se constatar que a igualdade formal – igualdade de todos perante a lei – não conflita com o princípio da igualdade material, que é o direito à equiparação mediante a redução das diferenças sociais. Nítida a intenção do legislador em consagrar a máxima aristotélica de que o princípio da igualdade consiste em tratar igualmente os iguais e desigualmente os desiguais na medida em que se desigualam.

A obediência estrita ao preceito constitucional não permite reconhecer como infringência ao princípio da isonomia a adoção de posturas que, atentando na realidade, gerem normas protetivas. São normas que visam a propiciar o equilíbrio para assegurar o direito à igualdade.

As estatísticas não permitem disfarçar que essa diferenciação existe. A participação da mulher no mercado de trabalho não atinge 40% do conjunto de trabalhadores da zona urbana, sendo que percebem salário 40% menor no desempenho de igual atividade.

Esse quadro leva à constatação de que está ocorrendo uma verdadeira feminização da miséria, a justificar, por si só, como um imperativo da democracia e da cidadania, posturas que promovam discriminações positivas, única forma de corrigir tais distorções.

Frágeis e insuficientes, no entanto, são os mecanismos de promoção da igualdade de gênero, pois, em nome da preservação ao princípio da isonomia, se acaba consagrando a desigualdade. A incorporação, em textos legais, de dispositivos de proteção à mulher por meio de incentivos específicos funda-se na concepção, incluída em textos de convenções internacionais, de que não seriam consideradas discriminatórias medidas ou ações afirmativas com o propósito de sanar situações de desigualdade.

A Plataforma de Ações aprovada na IV Conferência Mundial sobre a Mulher, em Beijing, no ano de 1995, documento subscrito pelo Brasil, reafirma e recomenda a adoção de ações afirmativas, por meio de quotas, incentivos fiscais e medidas legais que busquem superar a desigualdade entre homens e mulheres.

Foi atendendo a esse compromisso de incrementar a participação da mulher nos processos decisórios que restou assegurada a obrigatoriedade da quota mínima de 20% de mulheres candidatas aos cargos legislativos para as eleições municipais de 1996 (art. 11, § 3°, da Lei n° 9.100), sem que se alegasse afronta ao princípio isonômico.

O governo brasileiro, em 14 de maio de 1996, no lançamento do Programa Nacional dos Direitos da Mulher, elaborou documento denominado Estratégias da Igualdade, traçando diretrizes para seu atendimento e recomendando o uso de ações afirmativas para garantir a paridade sem ferir o art. 5° da Constituição Federal.

Indispensável a adoção de mecanismos compensatórios como única forma de superar as diferenças. A proteção à mulher deve constituir uma das preocupações primeiras do legislador, mediante *positive discrimination*, em face da necessária proteção à maternidade, reconhecimento da importância da mulher no lar, na execução dos trabalhos domésticos e na assistência aos filhos.

O que se deve atentar não é na igualdade perante a lei, mas no direito à igualdade mediante a eliminação das desigualdades, o que impõe o estabelecimento de diferenciações específicas como única forma de dar efetividade ao preceito isonômico consagrado na Constituição Federal.

(Artigo publicado no Jornal Zero Hora, Porto Alegre – RS, edição de 28/5/1997; na Revista Jurídica, BH, Editora Del Rey, dezembro de 1998, p. 24-25, *apud* Lutiana Nacur Lorentz; na Revista LTr., maio de 2001, vol. 65, tomo I, p. 522; no *site* jurídico www.mundojuridico.adv.br e no site Instituto de Estudos Jurídicos da ULBRA – Santa Maria, 30 out. 2003. Disponível em: http://www.iejulbra-sm.com/25artigo.html. Acesso em: 30 out. 2003).

A mulher casada e a nova Constituição

Palestra proferida no Curso de Aperfeiçoamento para Magistrados, promovido pela AJURIS, na cidade de Passo Fundo – RS, em 10.07.1992

Sumário: 1. A divergência jurisprudencial; 2. A nova Carta Constitucional; 3. Postura dos Tribunais ante a nova Carta; 4. O âmbito dos Embargos de Terceiro; 5. Conclusão.

Darás à luz com dor os filhos e estarás sob o *poder do marido*, e ele te dominará.

(Gênesis 3:16).

1. A divergência jurisprudencial

Longa foi a trajetória da mulher, para chegar ao seu atual estágio de completa igualdade e independência, agora erigida à categoria de preceito constitucional.

Dispunha a mulher casada da condição de relativamente incapaz, situação que persistiu até 1962, quando a Lei nº 4.121/62 lhe reconheceu a plena capacidade civil. Apesar do largo passo que representou o chamado Estatuto da Mulher Casada, ainda restaram algumas restrições à mulher, permanecendo em um plano de inferioridade com relação ao cônjuge varão. Mesmo tendo passado a ser considerada colaboradora e companheira do marido, ele era o cabeça-do-casal. Competia-lhe a representação legal da família, a chefia da sociedade conjugal e o direito de fixar o domicílio familiar. Também detinha o poder de administrar os bens comuns, incumbindo-lhe o ônus de prover o sustento do lar.

Em benefício da mulher, foi reconhecida a existência do chamado bem reservado, patrimônio formado pelos frutos e bens de qualquer natureza, adquiridos com o produto de seu trabalho profissional. O capital assim amealhado, pela regra do parágrafo único do art. 246 do CC,[17] não respondia pelas dívidas do marido, só perdendo esse caráter de incomunicabilidade se os encargos tivessem sido assumidos em benefício da família. Em face dessa regra de caráter excepcional, consolidou-se o entendimento de que o patrimônio comum responde pelas dívidas do marido, em face da presunção de que foram contraídas em favor da família.

A divergência que se estabeleceu na jurisprudência diz tão-só com a identificação de quem possui o ônus de provar que houve o favorecimento familiar, para dar ensejo ao comprometimento da meação da mulher. Mais acirrada se mostra a polêmica, quando a obrigação decorre da prestação de aval, chegando-se ao detalhe de diferenciar se a garantia decorreu de mero ato de liberalidade ou foi outorgada a pessoa jurídica da qual participa o avalista.

Consolidou-se a posição ditada pelo Supremo Tribunal Federal, que entende tratar-se de uma presunção *juris tantum*, por assentar-se em prova *prima facie* de haver o beneficiamento, imputando à mulher, que busca livrar sua meação, o ônus de comprovar que a dívida não foi contraída em proveito familiar. Essa postura vem-se mostrando prevalente, de forma não-unânime, nas 2ª, 4ª e 5ª Câmaras Cíveis do Tribunal de Alçada do RS, sendo a posição majoritária do 2º Grupo Cível, em

---

[17] A referência é ao Código Civil de 1916.

sede de embargos infringentes, conforme acórdão publicado na respectiva revista, v. 66, p. 197.

Já o Superior Tribunal de Justiça, bem como as 1ª, 3ª e 6ª Câmaras da mesma Corte Estadual, também sem unanimidade, imputam ao credor o ônus de comprovar que a dívida restou contraída em benefício da família, para que a constrição judicial venha a abranger bens da meação da mulher.

2. A nova Carta Constitucional

A divergência posicional ainda se encontra viva, mesmo após o advento da Constituição Federal, cujo art. 5º, inciso I, consagra que homens e mulheres são iguais em direitos e obrigações, estabelecendo o § 5º do art. 226: os direitos e deveres referentes à sociedade conjugal são exercidos igualmente pelo homem e pela mulher.

Com o surgimento do novo ordenamento jurídico, restou derrogada toda a legislação infraconstitucional, só sendo recepcionadas pelo novel sistema as normas que com ele não guardam divergência. Sérgio Gischkow Pereira[18] proclama a revogação de todos os dispositivos legais que contemplam normas capazes de colocar a mulher em situação de subordinação e inferioridade.

Pedro Sampaio afirma que a nova disciplina veio a modificar o poder de que estava investido o chefe de família de gerir os bens comuns do casal, sendo que todos os atos concernentes à chefia da sociedade conjugal, elencados nos incs. I, II, III e IV do art. 233 do CC, devem ser praticados conjuntamente pelo marido e pela mulher para estarem juridicamente perfeitos.

A disposição constante do texto constitucional, igualando os direitos dos casados como chefes da sociedade conjugal, leva à clara conclusão de que qualquer

---

[18] PEREIRA, Sérgio Gischkow. *Algumas questões de Direito de Família na nova Constituição*, Revista AJURIS, Porto Alegre, 1989, v. 45, p. 135, e *O bem reservado e a Constituição Federal de 1988*. Revista AJURIS, Porto Alegre, 1991, v. 51, p. 41.

ato praticado por um dos cônjuges deve ser efetuado com a anuência do seu par e vice-versa.[19]

O reconhecimento da absoluta paridade jurídica do casal também levou à unânime conclusão de que não mais existem bens reservados. *Ora, desigualdade patrimonial típica está embutida no art. 246 do CC. Permite ele somente à mulher que os bens adquiridos com o produto do seu trabalho sejam de sua exclusiva propriedade, mesmo sendo de comunhão universal o regime de bens. Porque é desigualdade, não deve prevalecer.*[20]

3. Postura dos tribunais ante a nova Carta

A posição sustentada pelo Superior Tribunal de Justiça, pelo voto vencedor do Ministro Athos Gusmão Carneiro, atenta no novo disciplinamento, mas resta apenas por atribuir o ônus probatório ao credor, como se vê da decisão de sua 4ª Turma, datada de 20/3/1990.

O Segundo Grupo Cível do Tribunal de Alçada do Estado assim se manifestou no julgamento dos Embargos Infringentes de nº 187053822: Ao estabelecer a nova Carta Constitucional a paridade de direitos e obrigações entre o homem e a mulher na sociedade conjugal (art. 226, § 5º), longe de afastar a presunção supra, só fez crismar a sua permanência, ao neutralizar a superada inspiração protetiva da mulher que impregnava o Código Civil e o Estatuto da Mulher Casada.

No julgamento da Apelação Cível nº 190111692, o voto vencido, da lavra do eminente Juiz José Maria Rosa Tesheiner, merece especial destaque ao afirmar:

Confesso. Não consigo extrair, da sistemática do Código Civil, tal como ora vige, a conclusão de que a mulher deve responder pelas dívidas do marido, por presunção de que foram contraídas a benefício da família.

---

[19] SAMPAIO, Pedro. *Alterações Constitucionais nos Direitos de Família e Sucessões*, Rio de Janeiro: Forense, 1990, p. 21.
[20] PEREIRA, Sérgio Gischkow. *O bem reservado e a Constituição Federal de 1988.* Revista AJURIS, Porto Alegre, 1991, v. 51, p. 41.

... A sociedade mudou. Mudou a posição da mulher na família e, portanto, também a do marido. Há uma lei nova, estabelecendo o princípio de que as obrigações assumidas pelo marido não obrigam a meação da mulher. Contudo, julga-se como se não tivesse havido lei alguma. Como se ainda estivéssemos na primeira metade do século, ou no século passado.

... A igualdade entre os cônjuges é um princípio superior ao do domínio/sujeição. A lei nova é melhor do que o velho Código Civil. Por isso é que me insurjo e me revelo contra uma interpretação que teima em manter vivo um passado já morto.

... Por fim, soa-me ridícula a invocação do artigo 226, § 5º, da Constituição da República, em apoio à tese da maioria. Efetivamente, exatamente em virtude da igualdade dos cônjuges em direitos e obrigações é que a declaração de vontade do marido não responsabiliza a meação da mulher, assim como as obrigações assumidas ou garantidas pela mulher não importam em responsabilidade da meação do marido.

Não fosse sua posição referente à possibilidade de o credor comprovar o benefício em prol da família para ensejar o comprometimento da meação da mulher, não teria a menor dúvida em subscrever na íntegra a tão bem dimensionada manifestação. No entanto, coloco-me em antagonismo tão-só quanto à possibilidade de haver a sujeição dos bens que integram o patrimônio da mulher em atendimento de dívida que não assumiu. Tenho para mim que desimporta eventual beneficiamento da família. Se não houve a vênia marital, não pode a meação responder por dívida do par.

4. O âmbito dos Embargos de Terceiro

Segundo afirma Liebman, *os embargos de terceiro são uma ação proposta por terceiro em defesa de seus bens contra execuções alheias.*[21] Em se tratando de demanda possessória,

---
[21] LIEBMAN, Enrico Tullio. *Processo de Execução*, 3ª ed., São Paulo: Saraiva, 1968, p. 96.

com carga de eficácia preponderantemente mandamental, como afirma Araken de Assis, *dispõe de legitimação para a mesma os que tiverem seus bens sujeitos a atos executórios, mas que não estão sujeitos à responsabilidade executiva.*[22]

Nesses termos, o pressuposto para a ação é a comprovação do domínio ou posse do bem que restou constrito judicialmente. A não-participação do autor na relação de direito material sob execução lhe atribui a qualidade de terceiro.

O eventual benefício advindo a alguém em face da obrigação cujo adimplemento é perseguido judicialmente não o integra na relação jurídica nem pode atingir seu patrimônio, uma vez que o art. 591 do CPC consagra a responsabilidade patrimonial dos bens do devedor. O inc. IV do referido dispositivo só leva ao comprometimento dos bens do cônjuge quando eles respondem pela dívida.

Não mais vigorando os pressupostos que ditaram a posição jurisprudencial de presunção de que os débitos contraídos pelo marido o são em benefício da família, encontra-se afastada totalmente a possibilidade de comprometimento patrimonial da meação da mulher que não subcreveu a obrigação. Não mais cabendo ao cônjuge varão a administração dos bens do casal, a representação legal da família e o ônus pelo seu sustento, não se pode presumir que as obrigações que assumiu o foram para atender a dita obrigação legal. Gerada pela norma constitucional a responsabilidade igualitária de ambos os cônjuges, não há como falar em solidariedade presumida por parte de quem não mais é representado por outrem.

Igualmente, o pressuposto outro que lastreava as posições judiciais e que decorria da norma do parágrafo único do art. 246 do CC – de que os bens reservados da

---

[22] ASSIS, Araken de. *Manual do Processo de Execução*, Porto Alegre: Lejur, 1987, v. II, p. 1.046.

mulher respondiam pelas dívidas do marido contraídas em benefício da família – não mais vige, em face da ab-rogação do indigitado dispositivo.

Havendo deixado de existir qualquer norma legal a impor a um dos cônjuges obrigação com relação ao outro, bem como não havendo sido outorgados deveres díspares de administração, não é possível sequer presumir a possibilidade de assunção de obrigação para atender a esses encargos que, sob tal rótulo, venham a comprometer o patrimônio alheio.

5. Conclusão

Com o advento do novo regramento de ordem constitucional, reviveu o art. 3º da Lei nº 4.121/62, em toda a sua magnitude, ao estipular: *Pelos títulos de dívida de qualquer natureza, firmados por um só dos cônjuges, ainda que casados pelo regime de comunhão universal, somente responderão os bens particulares e os comuns até o limite de sua meação.*

Essa regra não gera qualquer presunção, pois desimporta o fato de haver a dívida beneficiado outrem, para o comprometimento de patrimônio alheio. Nem necessita o cônjuge alegar que o débito não foi contraído em benefício da família para legitimar o uso, com sucesso, dos embargos de terceiro. Também não constitui fundamento bastante para excluir a pretensão desconstitutiva o fato de haver ocorrido eventual aproveitamento da sociedade familiar. Basta a comprovação pelo cônjuge de que foi atingida sua meação, por ato judicial decorrente de demanda da qual não é parte, para que ocorra a desoneração patrimonial.

De outro lado, não se apresenta como fato impeditivo, modificativo ou extintivo do direito da embargante a alegação do credor de que o débito veio em seu benefício ou da família, como forma de persistir a penhora sobre a totalidade do bem. Tal tipo de exceção não serve para o comprometimento de patrimônio de quem não assumiu a obrigação, não havendo presunção a elidir.

Assim, a partir do novo ordenamento jurídico, descabe qualquer discussão a respeito do ônus probatório, tema que tanto vem agitando a jurisprudência, já que essa prova não mais serve para atingir patrimônio de quem não assumiu qualquer obrigação. Não mais possui o marido legitimidade para contrair dívidas que possam comprometer a meação da mulher. Se o desiderato é o beneficiamento do casal ou da família, para atingir o patrimônio comum mister que a obrigação seja assumida por ambos, co-administradores da entidade familiar.

Se o chamado Estatuto da Mulher Casada, apesar da clareza de suas disposições, não logrou vencer a conservadora posição dos doutos, ante a norma constitucional descabe a permanência de qualquer resquício que enseje o reconhecimento da superioridade ou supremacia do homem frente à mulher na esfera jurídica.

(Artigo publicado no Jornal do Comércio, Porto Alegre – RS, 17/10/1991, e na Revista AJURIS, v. 53, p. 289-298, 1991).

A mulher no Mercosul

Palestra proferida no II Congresso Brasileiro de Direito de Família – A Família na Travessia do Milênio, promovido pela OAB/MG e pelo IBDFAM, em 29.10.1999, Belo Horizonte – MG

O termo atual é globalização. Sem dúvida foi o desenvolvimento dos veículos de comunicação que cunhou o uso da expressão *aldeia global* como forma de evidenciar a necessidade integracionista, por meio de um processo de desenvolvimento do direito internacional.

A desigualdade entre os Estados levou à criação de novos mecanismos voltados à manutenção da paz, à coexistência solidária, à cooperação e à ajuda mútua, fazendo surgir um novo sujeito de direito internacional – a comunidade, agrupamento de Estados, graças a semelhanças políticas, ou até históricas.

A América Latina, inspirada pelo sucesso dos projetos de integração da América do Norte – NAFTA (North American Free Trade Agreement), dos Tigres Asiáticos e das Comunidades Européias, retomou o rumo à integração e à cooperação a partir da Declaração de Iguaçu em l985, que culminou com o Tratado de Assunção. As tentativas anteriores, como a criação da Alalc e Aladi, não lograram o sucesso que se verificou no Velho Continente.

A concretização do projeto integracionista no Cone Sul, que tem por objetivo final a criação de um mercado comum, submete-se a diversas condicionantes, cujo traço essencial é a supranacionalidade.

O objetivo maior é o surgimento dos macromercados, que é a globalização das relações comerciais e econômicas, faz surgir um novo conceito de soberania, sem que ocorra o desvirtuamento de cada ordem jurídica nacional. Impõe-se a reavaliação do conceito tradicional de soberania, devendo os Estados-Membros tomar consciência da necessidade de aceitação da vontade majoritária. É imperiosa a formação de uma estrutura orgânica supranacional, pela integração dos sistemas jurídicos e com personalidade jurídica reconhecida no plano internacional.

Nesse tema de circulação dos modelos jurídicos no Cone Sul, as propostas vão desde a uniformização da legislação por meio de convenções, criação de contratos *standards*, até a criação de um código supranacional.

No que diz com os direitos da mulher, a garantia da igualdade e as relações familiares, verificam-se notáveis divergências nos sistemas jurídicos internos de cada Estado-Membro.

A Constituição Federal brasileira é a mais enfática, chegando a ser repetitiva em proclamar a igualdade de sexos. Além da regra geral da igualdade de todos perante a lei, consagrada no *caput* do art. 5º, o inc. I do mesmo artigo insiste na igualdade entre homens e mulheres. O art. 226, § 5º, diz que os direitos e deveres referentes à sociedade conjugal são exercidos igualmente pelo homem e pela mulher.

Em três pontos a Constituição dispensou tratamento diferenciado ao homem e à mulher. Conferiu licença-gestante de 120 dias, assegurou proteção do mercado de trabalho feminino, mediante incentivos específicos, e concedeu direito à aposentadoria com diferença de 5 anos a menos para as mulheres.

A Carta Constitucional do Paraguai, que data de 1992, é de todas a mais vanguardista. Em seu art. 46, proclama que todos os habitantes da República são iguais em dignidade e direitos, não se admitindo discriminações. O art. 48 enfatiza que o homem e a mulher têm iguais direitos civis, políticos, sociais, econômicos e culturais, acrescentando: *O Estado promoverá as condições e criará os mecanismos adequados para a igualdade ser real e efetiva, afastando os obstáculos que impeçam ou dificultem seu exercício, facilitando a participação da mulher em todos os âmbitos da vida social.*

Explicita que o homem e a mulher têm os mesmos direitos e obrigações com relação à formação e ao desenvolvimento da família e, modo expresso (art. 52), diz que a lei regulamentará a ajuda que se deve prestar à família de prole numerosa e às mulheres cabeça de família.

Também dispensa proteção especial ao trabalho das mulheres. Após proclamar que os trabalhadores de um e outro sexo possuem os mesmos direitos e obrigações laborais, diz que a maternidade será objeto de especial proteção, que compreenderá os serviços assistenciais e os descansos correspondentes, os quais não serão inferiores a 12 semanas. Acrescenta que a mulher não será despedida durante a gravidez nem durante o descanso por maternidade.

A Constituição da República do Uruguai, que data de 1952 e foi objeto de reforma em 1966, em seu art. 8º, limita-se a afirmar que *todas as pessoas são iguais ante a lei, não se reconhecendo outra distinção entre elas senão a dos talentos e virtudes.* A única regra específica está no art. 41, no qual é reconhecido o direito de proteção à maternidade, qualquer que seja o estado da mulher.

A mais antiga Constituição é a da Argentina (data de 1853, havendo sofrido sucessivas reformas, sendo a última em 1994 por meio de convenção constituinte), e limita-se, em seu art. 16, a afirmar que *todos os habitantes da nação argentina são iguais ante a lei.* Essa é a única regra proclamadora da igualdade.

A presença dessas disparidades mostra a necessidade de uma unificação em nível legislativo. No entanto, mesmo na experiência européia, lentos têm sido os trabalhos da Corte de Justiça e da doutrina na elaboração de um direito comunitário, ainda que já exista um projeto de Código Civil em estudo.

No estágio em que se encontra o projeto sul-americano, está muito distante a codificação de um direito supranacional. Prevalecem interesses individuais, inconciliáveis e intransponíveis, faltando consciência da necessidade de um poder decisório superior.

No entanto, relativamente à mulher e à família, a harmonização se vislumbra mais viável, em face das convenções e dos tratados internacionais assinados por plenipotenciários dos países integrantes do Mercosul e recepcionados na ordem jurídica interna de cada Estado-Membro.

Tanto a Convenção sobre a Eliminação de Todas as Formas de Discriminação contra a Mulher, decorrente da 1ª Conferência Mundial sobre a Mulher, promovida pela ONU na Cidade do México em 1979, como a Convenção Interamericana para Prevenir, Punir e Erradicar a Violência contra a Mulher, aprovada pela OEA na Convenção do Belém do Pará de 1994, são fontes normativas de direito internacional que têm primazia sobre as normas de direito interno.

A nossa Constituição, no último dispositivo consagrador dos direitos e garantias, expressamente prevê a não-exclusão dos direitos decorrentes dos tratados internacionais de que o Brasil seja parte.

A Carta Constitucional argentina, no inc. 22 do art. 75, nomina os tratados subscritos afirmando sua hierarquia superior às leis, sendo que seus textos acompanham as publicações da Constituição.

Necessário lembrar que o maior evento já realizado pela ONU foi no ano de 1995 em Pequim. A IV Conferência Mundial sobre a Mulher reuniu, no encontro oficial, representantes de 180 países, e o Foro Paralelo das Organizações Não-Governamentais agregou mais de 30.000 mulheres provindas de 218 países.

O encontro teve a finalidade de estabelecer uma política de universalização dos direitos da mulher e de respeito a sua dignidade, elaborando uma Plataforma de Ação para os próximos dez anos. Os países participantes do evento paralelo firmaram um documento mais significativo, a Declaração de Beijing, verdadeira carta política por meio da qual assumiram o compromisso de implementar as metas traçadas durante o encontro.

Assim, previstas nas ordens jurídicas dos países signatários do Tratado de Assunção a plena igualdade e o compromisso de eliminação da violência e da discriminação, cumpre unicamente a introdução efetiva dessas normas consagradoras dos direitos da mulher. A forma mais eficaz de assegurar seu implemento é garantir sua aplicabilidade.

(Artigo publicado no Repertório de Jurisprudência IOB, nº 01/97, 1ª quinzena de janeiro de 1997; nos Anais do II Congresso Brasileiro de Direito de Família - A Família na Travessia do Milênio, promovido pela OAB/MG, com apoio do IBDFam, Livraria Del Rey Editora, p. 311/314, em Justiça & História, Revista do Memorial do Judiciário, Tribunal de Justiça do Rio Grande do Sul, volume 3, nº 5, 2003, p.307/311).

A feminização da magistratura

Ainda não chegamos aos Tribunais Superiores, ocupando apenas 22 cadeiras dos Tribunais de Justiça estaduais,[23] todas magistradas de carreira e nenhuma advinda do quinto constitucional. Por isso, não se pode endossar a assertiva do Presidente do Supremo Tribunal Federal, Ministro Sepúlveda Pertence, de que está superado definitivamente o preconceito dos tribunais contra a mulher juíza.[24]

Apesar de esses dados revelarem a existência de forte discriminação contra a mulher na órbita do Judiciário, é crescente sua participação não só na magistratura, mas nas mais diversas carreiras jurídicas, podendo-se afirmar que está ocorrendo a feminização não só da magistratura, mas da própria Justiça.

Esse fenômeno merece ser visualizado sob mais de um ângulo. Além de analisar como a mulher é vista no âmbito profissional, há que se atentar na sua atuação no contexto jurisdicional, bem como questionar se exerce o papel de agente modificadora dos padrões machistas vigentes.

De primeiro, cabe destacar que toda novidade desperta atenção, acabando por ser analisada por estereótipos. Principalmente com relação às magistradas, por

---
[23] Dados correspondentes ao ano de 1997.
[24] Entrevista publicada no Jornal Folha de São Paulo, em 16/11/96, Cotidiano, p. 3.

menos numerosas, são vistas como totens e rotuladas como ou mais severas ou mais condescendentes que seus pares, ou ainda mais ou menos adequadas para jurisdicionar determinadas varas. Essa estratificação dicotômica, estereotipada pela identificação do gênero, decorre de percepções freqüentemente inconscientes que registram um conteúdo discriminatório, pois atitudes por vezes não relevantes que refogem à média ficam mais visíveis e são potencializadas de forma generalizante.

Indispensável igualmente investigar se a presença maciça das mulheres na magistratura afeta o contexto das decisões judiciais. Ressalta Silvia Pimental e duas outras pesquisadoras, na obra que visualiza o Direito sob a ótica das relações de gênero, que a mulher é julgada tomando por parâmetro o comportamento padrão. Na argumentação judicial, é geralmente definida mediante adjetivos como: *inocência da mulher, honestidade, conduta desregrada, vida dissoluta*, expressões todas elas ligadas exclusivamente ao seu comportamento sexual. Essa adjetivação, no entanto, não é usada como referencial na análise do comportamento masculino.[25]

A necessidade de discutir essas questões impõe que se realizem eventos marcados por uma discriminação positiva, como o Encontro Internacional sobre a Mulher na Magistratura, realizado no Rio de Janeiro em agosto de 1996, e o I Encontro de Magistradas do Paraná, que ocorreu em Foz do Iguaçu em novembro de 1996. Neste evento, Denise Bruno, ao discorrer sobre Mulheres e Direito, concluiu: *por se sentirem incapazes de confrontar o padrão patriarcal, por não terem consciência do mesmo, ou por não estarem dispostas a arcarem com as conseqüências de romper com as expectativas patriarcais sobre as mulheres, as juízas, apesar de terem consciência da necessidade de mudanças, não rompem com os códigos e padrões legais vigentes.*

---
[25] Pimentel, Silvia, *et al*, Di Giorgi e Piovesan, *A Figura/Personagem Mulher em Processos de Família*. Porto Alegre: Fabris, 1993. p. 141.

É necessário olhar a mulher em relação ao Direito a partir do conceito de gênero, não como sexo biológico, mas como as diferenças biológicas se expressam em determinadas relações sociais.

Sob essa ótica é que se precisa analisar se a inserção feminina na magistratura altera a ideologia dominante, ou seja, se há interferência da condição de gênero do magistrado para a implementação dos direitos de igualdade já conquistados pelos movimentos feministas.

Não basta o aumento do número de magistradas a fim de que determinados padrões de comportamento sejam alterados, com o estabelecimento da igualdade, o fim da discriminação e a eliminação da violência contra a mulher.

No entanto, não mais se pode dizer que Judiciário é um substantivo masculino, devendo-se ter sempre presente que Themis, a Deusa da Justiça, é uma mulher.

(Artigo publicado na Revista IstoÉ, nº 1.423, 08/01/1997).

Uma magistrada em Pequim

Talvez haja quem questione o motivo que levou o Poder Judiciário a se fazer representar em uma Conferência Mundial sobre Mulheres, promovida pela ONU na distante China.

Não fosse o fato de virtualmente ser julgado um número maior de processos envolvendo mulheres, visto que somam a maior parte dos jurisdicionados, é indispensável que o Judiciário atente na postura da sociedade, devendo-se mostrar sensível às mudanças que se operam no mundo.

E posso dizer, porque lá estive, que efetivamente o mundo mudou a partir do mais concorrido evento já promovido pelas Nações Unidas.

A finalidade da ONU, ao realizar a Conferência Oficial, foi traçar uma política de universalização dos direitos da mulher e de respeito a sua dignidade, elaborando uma Plataforma de Ação para os próximos dez anos. Porém, os países participantes do evento paralelo firmaram um documento mais significativo, a Declaração de Beijing, verdadeira carta política por meio da qual assumiram o compromisso de implementar as metas traçadas durante o encontro.

A par do encontro oficial, que reuniu representantes de 180 países, o Foro Paralelo das Organizações Não-Governamentais agregou mais de 30.000 mulheres provindas de 218 países. No período de 30 de agosto a 8 de setembro, foram desenvolvidas mais de cinco mil atividades, somando-se às sessões plenárias, *workshops*, palestras, debates e mesas redondas, além de um significativo número de passeatas, concentrações, protestos e apresentações culturais. Esse encontro não tinha por finalidade elaborar qualquer documento conclusivo, mas pressionar as representações governamentais, mostrando a real situação das mulheres nos mais diversos lugares.

O reconhecimento de que os direitos das mulheres são direitos humanos reafirma que elas não são sujeitos da cultura, condicionadas às posturas religiosas ou tradições que as discriminam. Apesar de essa assertiva parecer óbvia para nós, não o é para uma significativa parte do planeta. Lá foi denunciado, só para citar, que, pelo Corão, somente o filho homem mais velho possui direito à herança. No Egito, pela Lei da Obediência e pela Lei do Retorno, as mulheres não podem abandonar os maridos. Em Ruanda, ocorre a matança sistemática dos fetos femininos, e na China, como cada família só pode ter um filho, o aborto é obrigatório.

A par dessas desigualdades, há situações universais. As mulheres de todos os lugares do mundo são vítimas da violência doméstica. A diferença de remuneração e a dificuldade de acesso a determinados postos têm levado à feminização da miséria.

As diversidades que se mostravam flagrantes, pela origem, raça, cor e maneira de vestir, deram um colorido especial ao encontro. Mas as diferenças desapareceram ante o uníssono grito em prol da igualdade, do desenvolvimento e da paz.

(Artigo publicado no Jornal da AJURIS, nº 48, fev/1996).

Impressão:
Editora Evangraf
Rua Waldomiro Schapke,77 - P. Alegre, RS
Fone: (51) 3336-2466 - Fax: (51) 3336-0422
E-mail: evangraf@terra.com.br